Schäfer

Alte Autos und Rock'n'Roll

Essay 15

Frank Schäfer

Alte Autos und Rock'n'Roll

Der rasende Rezensent I

Oktober Verlag
Münster in Westfalen

Am Hawerkamp 31, 48155 Münster
www.oktoberverlag.de

Satz: Monsenstein und Vannerdat
Umschlag: Tom van Endert
unter Verwendung einer Illustration von Toddn (www.kult-o-rama.de)

Druck: Books on Demand GmbH
In de Tarpen 42, 22848 Norderstedt

ISBN: 978-3-941895-04-1

INHALT

KRITIKERDÄMMERUNG

Schon seit geraumer Zeit ist der einstmals so glorreichen Popkritik ein bisschen unbehaglich zumute. Sie fühlt sich nutzlos, argwöhnt einen Verlust an Reputation. Thomas Groß bestätigte neulich in der »Zeit« diesen Befund und rief auch gleich das »Ende der Bescheidwisser« aus. Infolge der digital globalisierten und damit auch vollends demokratisierten Popkultur, in der jederzeit jede Musik per download verfügbar sei, meinte Groß, nivelliere sich der Wissensvorsprung des Popkritikers, der oft genug »ohnehin nur in der Zusendung von Rezensionsexemplaren« bestanden habe. Ohne ihn sei er aber nur ein Hörer unter anderen, gebe er also letztlich auch nur Geschmacksbekundungen von sich. Auf den Kunsttheoretiker Boris Groys rekurrierend, riet er deshalb dem Musikkritiker, von seinem ohnedies schon porösen Sockel herabzusteigen und nunmehr »auf Augenhöhe Geschmacksbildung« zu betreiben, gleichsam als »Zeigender«: »Er zeigt auf die Dinge, die er interessant findet, und damit immer auch auf sich selbst.«

Diedrich Diederichsen nahm daraufhin in der »taz« eine Rezension des neuen Air-Albums zum Anlass, einigermaßen scharf auf Groß zu replizieren und die exponierte Stellung des Kritikers weiterhin zu behaupten. Idealiter sei er eben doch mehr als ein »Zeigender«. Er fälle zwar »dieselben Geschmacksurteile, die alle anderen auch fällen«, allerdings »mit dem Unterschied, dass er sie begründet«. Zu Recht fordert er vom Kritiker eine Objektivierung seines Geschmacksurteils, also eine Argumentation, in der sich möglichst »transparent« die Kriterien zeigen, »was für eine Sorte Kunstwerk er generell für wünschenswert hält« und »ob das fragliche konkrete Kunstwerk diesen Kriterien entspricht«. Nur so verlässt das

Urteil tatsächlich die Sphäre dumpfer Subjektivität und wird vermittelbar, nur so kann man über die Triftigkeit der jeweiligen Kritik streiten.

Diederichsen dekretierte jedoch im weiteren, das kritische Urteil sei letztlich »generell« davon abhängig, »was man über einzelne Kunstwerke hinaus für politisch-kulturell wünschenswert hält« – und mir scheint, als sei dies der eigentliche Streitgegenstand der beiden. Natürlich will ein Analytiker wie Groß nicht wirklich absehen von der Begründung seines kritischen Standpunkts, aber offensichtlich kann er gut und gerne auf eine politische Letztbegründung verzichten, die aus einer zunächst mal ästhetischen Angelegenheit, dem bloßen Musikhören, immer auch ein weltanschauliches Statement machen will, das dann weiterhin die alte Distinktion in »alright« und »not alright« ermöglicht. Gegen eine so geartete »Abrüstung« des Kritikers kann man eigentlich nichts haben. Und so ähnlich argumentierte denn auch die neue »Spex«-Redaktion in ihrem ersten programmatischen Editorial, wenn sie sich gegen eine »Nostalgie der Echtheit« wandte, »die eine problemlose Unterscheidung zwischen ›uns‹ und ›ihnen‹, zwischen einem an Gruppenzugehörigkeiten festgemachten ›gut‹ und ›böse‹ suggeriert«.*

Diederichsens Argumentation unterschätzt denn auch die Komplexität des ästhetischen Erlebnisses und homogenisiert es auf unzulängliche Weise. Er schlägt den Affekt nämlich einfach der Ratio zu, das heißt er hört ausschließlich mit dem Verstand. Dabei weiß doch jeder – zumindest jeder, der schon mal solche »Dumme-Leute-Musik« wie Heavy Metal mit heißem Bemühen studiert hat –, dass zwischen einem endorphinösen Riff und, sagen wir, der Frauenemanzipation Welten liegen. Die ästhetische Rezeption muss zwangsläufig mit solchen Widersprüchen leben. Man kann Sex Pistols hören und Royalist sein, man kann die Dixie Chicken mögen und den Irak-Krieg befürworten und sich vielleicht sogar als emanzipierte mitteleuropäische Bildungsbürgerin nach 50 Cent bewegen. Kurzum, es ist durchaus möglich, etwas schön zu finden, dessen ideologischer Subtext absolut nicht mit den eigenen politisch-kulturellen Idealen übereinstimmt.

Was wäre in Anbetracht dessen also gegen eine Popkritik einzuwenden, die solche Aporien nicht zukleistert, sich stattdessen vornimmt, eine akustische Wirklichkeit möglichst dicht und nach allen Regeln der Kunst zu beschreiben? Die folglich das musikalische Phänomen so suggestiv, sachgemäß, detailgenau und luzide in Sprache zu transformieren versucht, dass der Leser sich ein entsprechendes Hörbild imaginieren kann und also im Positiven wie im Negativen darauf reagieren muss? Im besten Fall kauft er sich nach Lektüre eines harschen Verrisses das entsprechende Album, weil noch das Verdikt ihm soviel über die Musik verrät, dass es ihn affiziert.

Voraussetzung dafür ist allerdings eine gewisse literarische Potenz. Und diese unentbehrliche Qualität des professionellen Kritikers stellen weder Diederichsen noch Groß angemessen in Rechnung, obwohl gerade sie seine exponierte Position legitimiert und bis auf weiteres festigt. Woraus resultieren denn Autorität und Überzeugungskraft eines Kritikers? Sicher auch aus seinem Wissen, das in der Regel größer sein wird als das des Normalhörers, einfach weil er mehr Zeit auf die Beschäftigung mit Musik verwenden kann – es ist eben sein Job. Vor allem doch aber aus seiner Beobachtungsabe, seinem Scharfsinn, seinem sprachkreativen, expressiven, narrativen Talent. Gute Kritiker sind zuallererst gute Schriftsteller. Und solange sich Popkritik auf ihre genuin literarischen Fähigkeiten besinnt, wird man sich um ihre Bedeutung keine grossen Sorgen machen müssen.

Die besten Kritiken sind doch ohnehin solche, die sich ihren Gegenstand so sehr einverleiben, dass sie ihn letztlich aufheben und sich von ihm emanzipieren. Was Lester Bangs etwa über ein Konzert der Krautrocker Tangerine Dream zu sagen hat, in seinem Essay »Ich sah Gott und/oder Tangerine Dream«, ist letztlich bezwingender als die Musik der Band es je sein könnte. Greil Marcus' wundervolle Aus- und Abschweifungen über Dylans »Like a Rolling Stone« sind mindestens so grandios wie das Stück selber. Und die vielen unbekannten Songs, die Roel Bentz van den Berg in »Die Luftgitarre« illuminiert, muss man vielleicht gar nicht unbedingt hören, es reicht eigentlich, dass er sie beschrieben hat. Dass der kritische Alltag dagegen manchmal ziemlich trübe aussieht, darf man durchaus beklagen. Die gegenwärtige Musikkritik könnte bzw. müsste eigentlich viel besser sein. Aber in welcher anderen künstlerischen Sparte ist das nicht der Fall?

*Dass diese Abrüstung dann allerdings mit »Spex« #324 (Januar/Februar 2010) zur gänzlichen Abschaffung oder, wie es der Chefredakteur Max Dax euphemistisch formuliert, zur »Neuformatierung der alten Tante Schallplattenrezension«, nämlich zum »Pop-Briefing« führen würde, hätte man nun auch nicht unbedingt für möglich gehalten. Und für nötig schon gar nicht. Denn letztlich verdoppelt dieser vermeintliche Dialog über Platten ja auch nur das, was der Chor der Kritiker, die sich im Internet und in den einschlägigen Publikationen zu einem Album äußern, immer schon geleistet hat: dessen Für und Wider zu diskutieren. Überdies stellt sich hier tatsächlich oftmals genau das ein, was Diederichsen befürchtet: angesichts des begrenzten Raumes schiebt sich die bloße Meinung vor das begründete Urteil. Vor allem aber lässt diese Methode eines doch völlig außer Acht: Dass man die Kritik auch als literarisches Genre betrachten könnte – und man muss kein Romantiker sein, um das zu tun –, dass es mithin immer noch Leser gibt, die eine Rezension nicht zuletzt wegen ihres ästhetischen Mehrwerts goutieren. Ich zum Beispiel. Aber ja, man muss sich den Spaß natürlich leisten können.

GEISTERBESCHWÖRUNG

Da saß ich jetzt also auf dem alten Ehebett meiner Großeltern, in dem alten Schlafzimmer die Treppe herauf. Der von meinem Opa selbstgezimmerte Eichenschreibtisch war vollgestellt mit einem nagelneuen Plattenspieler, einem Tapedeck, einem Paar Drei-Wege-Boxen in Holz-Optik und dem kleinen Blaupunkt-Verstärker meines Bruders. »Den kannst du erstmal haben, bis du dir was Besseres gekauft hast.« Ich saß auf dem Bett und hörte die schwarze C 90er Chromdioxid Super II von BASF, die er mir zum Einstand aufgenommen hatte.

Meine Großeltern zogen nach unten, als mein Onkel, ein ewiger Junggeselle und Frusttrinker, dann doch irgendwann sein Kinderzimmer im Erdgeschoß geräumt und sein eigenes Haus gebaut hatte. Die Treppen waren ihnen beschwerlich, vor allem meine Oma klagte häufiger darüber, dass sie in letzter Zeit so »jappig« geworden sei. Ein paar Jahre später starb sie dann an einem Herzinfarkt, ganz früh morgens im Bett, und eine Traurigkeit legte sich auf meinen Großvater, die ihn nie wieder ganz losließ. Auch nicht in den ausgelassensten Momenten. Nach vielen Schnäpsen.

Sie leisteten sich gleich ein neues Schlafzimmer. Und das alte blieb einfach oben, wurde zu so einer Art Gästezimmer umgewidmet. Allerdings bekamen meine Großeltern nie Gäste – außer mir. Wenn meine Eltern in den Urlaub fuhren, so hatte es sich in den letzten Jahren eingespielt, wurde ich ausquartiert und schlief hier, weil ich nicht mehr mitwollte in diese ewiggleichen pittoresken Alpenkäffer, »zum Wandern«, und weil sie mir schlimm pubertierenden, kinnpickeligen Dreizehn-, Vierzehn-, Fünfzehnjährigen nicht zutrauten, mich über zwei volle Wochen allein über Wasser zu halten. Vielleicht traute ich es mir selbst nicht zu.

Ich schlief also bei meinen Großeltern, aß mit ihnen und ging meine Wege. Abends saßen wir zusammen vorm Fernseher, oder ich las. In diesem Sommer hatte ich mir aus dem Bücherständer des Dorf-Edeka-Markts einen Sherlock-Holmes-Krimi von Arthur Conan Doyle gekauft, weil ich mich von Jugendliteratur à la »Blöd wenn der Typ draufgeht« emanzipieren wollte. Mit Stephen Kings »Carrie« hatte das neulich noch geklappt, mit Doyle nicht. Ich probierte es am nächsten Tag – nach einem neuerlichen Gang zum Edeka-Markt – mit Agatha Christie. Und auch das war enttäuschend. Aber dann musste ich nicht mehr lesen. In der zweiten Urlaubswoche meiner Eltern hatte mein Bruder Frühschicht und versprochen, mit mir in die Stadt zu fahren, um endlich das zu kaufen, was ich dringender brauchte als alles andere – »eine Anlage«.

Wir suchten nicht lange, wir fuhren einfach zu einem einschlägigen Geschäft. Mein Bruder fragte nach meinem Budget, 500 Mark, sah sich etwas um, empfahl mir diese Boxen, diesen Plattenspieler und dieses Tapedeck.

»Das sind aber 520!«, sagte ich.

»Die zwanzig leihe ich dir.«

»Und da habe ich immer noch keinen Verstärker ...«

»Mein kleiner Blaupunkt ... Den kannst du erstmal haben, bis du dir was besseres gekauft hast.«

»Der hat doch nur zwei mal zwanzig Watt.«

»Hör zu, du musst ihn nicht nehmen ...«

Wir kauften die Geräte. Zwei Jahre später wiederholte sich diese Situation. Mein Bruder fuhr mit mir zu einem – exakt zu einem! – Musikaliengeschäft mit dem auratischen, enigmatischen Namen Feiss Ela Technik. Ela stand für elektroakustisch, so geheimnisvoll war das also gar nicht. Der Laden war in einem alten Fabrikgebäude untergebracht. Wir holperten auf einem schmalen Schotterweg zum Hinterhof. Zwischen den Fundamentresten ehemaliger Gebäudeteile spross Löwenzahn hervor, Diesteln hangelten sich am Gemäuer hoch. Ich öffnete zwei

Türen, eine schwereiserne Gitter-, danach eine alte Holztür, deren Lack blätterte, ging eine steile Holztreppe hoch, sah die mit alten und neuen Konzertplakaten, Grusumu-/Musugru-Gesuchen und Second-Hand-Angeboten tapezierten Wände, und dann stand ich in dieser Ela-Oase. Mein Bruder folgte mir. Der dicke, nie gesaugte Teppich verströmte ein muffiges Odeur. Eine Atmosphäre heruntergekommener Hippie-Gemütlichkeit hing in der Luft. Es gab hier einen Haufen Les-Paul-Kopien, Flying Vs, Explorers und all die anderen, aber ich wollte eine Strat. Und wieder hatte ich 500 Mark zur Verfügung. Sie führten exakt drei Japan-Stratocasters. Eine blaue, eine rote und eine weiße. Ich bevorzugte die weiße, weil Ritchie Blackmore so eine spielte, die echte von Fender selbstredend. Mein Bruder dagegen befand sich gerade mitten in einer langwierigen Dire Straits-Phase.

»Ich würde die rote nehmen!«

Ich überlegte lange, ihm zuliebe nahm ich dann die rote. Immerhin hatte er mich gefahren.

Aber das war, wie gesagt, ein paar Jahre später.

Als ich in den Tagen vor unserem ersten Einkauf seine Plattensammlung durchflippte, nach etwas, das nach Hard & Heavy aussah, wurde ich fündig. Ich wusste, er hatte schon ein paar Jahre kaum noch Platten gekauft, aber immerhin den 70er Hard Rock voll rezipiert: Led Zeppelin, Black Sabbath, Deep Purple, Uriah Heep, Aerosmith – die Klassiker eben. Aber ich wollte Entdeckungen machen, vor den Kumpels mit einer Trouvaille punkten. »Kennt ihr eigentlich Mountain mit Leslie West? Echt nicht? ›Nantucket Sleightride‹? Nie gehört, ach kommt ...«

Ich ging also seine Sammlung durch, die etwa 300 bis 400 Alben umfasste. Das schien mir damals überaus luxuriös. Ich hatte drei: Rainbows »Difficult To Cure«, »Come And Get It« von Whitesnake und den »Saturday Night Fever«-Soundtrack – die »Tom Sawyer«- und »Winnetou«-Hörspielplatten nicht mitgezählt. Rainbow und Whitesnake ließen mich dann auch schmerzlich spüren, dass ich mit meinem Kinder-Mono-Plattenspieler nicht durchs Leben kommen würde. Ich brauchte mehr Schalldruck.

Ein Cover im Vinyl-Schatz meines Bruders sah so aus, als würde es zu meinen gehobenen Anforderungen passen.

Eine Live-Szenerie. Ein Mann in schwarz, mit Nietengürtel und -armband bewehrt, geht in die Knie, seine Lederhose ist so eng und gespannt, dass sich im Schritt und auf den Kniescheiben das grelle Scheinwerferlicht spiegelt. Er hält einen schwarzen Fender Precision Bass, leicht geschrägt, die linke Hand greift einen Ton, seine Rechte mit dem Plektrum stößt er energisch nach oben. Sein Mund ist weit geöffnet, der Kopf in den Nacken geworfen, so als heulte er gerade den Mond an. Rechts und links im Hintergrund jeweils ein Gitarrist mit Les Paul. Der linke hat krauses, der rechte glattes langes Haar. Die Überbelichtung durch die Bühnenscheinwerfer – vielleicht sogar in Verbindung mit dem in solchen Zusammenhängen obligatorischen Trockeneisnebel – macht das Bild grobkörnig, lässt die beiden Gitarrenspieler zu Schemen verschwimmen. Und darüber dann in roten Majuskeln: LIVE AND DANGEROUS. Darüber in etwas kleinerem Schriftgrad: THIN LIZZY.

»Was machen die denn so?«, fragte ich meinen Bruder, der gerade dabei war, seine erste Ikea-Couch mit braunen Cord-Polstern zusammenzuschrauben. Es waren die frühen Achtziger! Ich hielt das Cover hoch.

»Thin Lizzy? Kennste die nich?«

»Weiß nicht genau ... Nee, ich glaube nicht ...«

Es war ein Doppelalbum, wie ich gleich darauf feststellte. Ich blätterte es auf und versenkte mich in die fast zu sauber angeordneten Live-Photographien, neun auf jeder Seite, und es war genau das, was ich sehen wollte. Gitarren, Marshall-Wände, konzentriert geschlossene Augen, offenstehende Münder, gereckte Arme, tiefhängende Gitarren, Nebel, viel Nebel, ein polychromes Lichterchaos und noch mehr schräg nach oben zeigende, auf einem leicht angewinkelten Bein abgestützte Gitarren, die Finger zum Solo den Hals hinabkletternd. Ohne je einen Ton von dieser Band gehört zu haben, wusste ich, was hier gespielt wurde, und ich wusste auch, dass es mir gefallen würde, nein, ich wollte geradezu, dass es mir gefällt.

Nick Hornby erklärt sich in seinem kleinen, aber sehr guten Buch »31 Songs« sein »kindliches Liebäugeln mit Zeppelin, Sabbath und Deep Purple«, das ihm heute etwas, naja, zumindest merkwürdig erscheint, damit, dass er seinem »Urteil über einen Song nicht traute«. »Wie ein prätentiöser, aber begriffsstutziger Erwachsener, der sich einen Film nur anssieht, wenn er Untertitel hat, hörte ich mir nichts an, das nicht unter lauten, kreischenden E-Gitarren begraben war. Woran hätte ich sonst erkennnen sollen, ob das Stück irgendwas taugt? Songs, die auf dem Klavier oder akustischen Gitarren gespielt wurden, von Menschen ohne Bartwuchs (Mädchen zum Beispiel) ... nun ja, das hätte schlechte Musik sein können, die mich auszutricksen versuchte. Das hätten Leute sein können, die so taten, als wären sie die Beatles, ohne es zu sein. Woher sollte ich das wissen, wenn alles so undurchsichtig war? Nein, am besten, man mied die Frage, ob gut oder schlecht, und hielt sich statt dessen an laut. Mit laut konnte man nie ganz falsch liegen.«

Und da ist etwas dran. Das reicht zwar nicht hin, um jugendlichen Hard-Rock-Enthusiasmus zu erklären, aber welche Erklärung reicht da schon hin?! Hornbys These zufolge müsste sich die Euphorie nämlich legen, wenn sich das Geschmacksurteil halbwegs ausgebildet hat und akustische Gitarren – oder weit schlimmere Dinge – plötzlich diskutabel werden. Tut es aber nicht, nicht immer. Es gibt nämlich diese merkwürdige Subspezies des gereiften Hörers, dessen Geschmack sich diversifiziert hat, der überall mal hineingehört hat, manchmal durchaus mit Gewinn, aber dem es trotzdem erst so richtig warm wird unter der semmelblonden Mütze, wenn zwei Gitarren auf Rechtsanschlag tumbe Bratriffs brutzeln und der Viervierteltakter recht ordentlich rund läuft. Und es liegt nicht mal ganz falsch, wer mich zu diesen komischen Menschen zählen zu können glaubt. Aber Hornby hat auch nicht ganz unrecht: als enorm trennscharfes, in der unübersichtlichen Popwelt für Ordnung und Orientierung sorgendes Distinktionsmerkmal ist »laut« gar nicht hoch genug einzuschätzen.

»Scheiße, da fehlen Schrauben ... Jetzt muss ich noch mal los«, sagte mein Bruder. Er hatte meine Frage nach dem von Thin Lizzy bedienten musikalischen Genre nicht beantwortet, weil die Sofa-Montage seine volle Aufmerksamkeit verlangte, aber es war auch schon nicht mehr nötig. »Live and Dangerous« war das, was ich wollte und brauchte.

»Willst du solange hierbleiben?«, fragte er mich. »Ich bin in einer guten Stunde wieder da.«

»Lass mal, ich komme morgen nochmal vorbei ... Ach nee, morgen wollten wir ja die Anlage kaufen ...«

»Ich nehme sie dir auf!«

»Klasse.«

Ich setzte mich auf mein Fahrrad und fuhr in die »Siedlung« zu meinen Freunden Rüdiger und Volker. Die beiden waren Brüder. Der ältere, Volker, besaß längst »eine Anlage« und, da er eine Lehre als Werkstoffprüfer angefangen hatte, auch die nötigen Barmittel, um jeden Donnerstag nach der Berufsschule bei City Music einzukehren und einzukaufen. In diesem gut sortierten, entsprechend angeschmuddelten Plattenladen, dessen Besitzerin oder auch nur Geschäftsführerin in zerrissener Lederhose und eigentlich immer mürrisch und wenig auskunftsfreudig so ein bisschen die Londoner Punk-Attitüde in die Provinz holte und uns damit einen höllischen Respekt einflößte, gab es ein eigenes LP-Fach für das sich gerade konstituierende, bald prosperierende Genre des Heavy Metal. Irgendwann waren es dann zwei. Das dritte hat der Laden nicht mehr erlebt. Später sah man die coole Frau hinter dem Tresen in einem hiesigen Bekleidungsgeschäft Dienst schieben – und auch das war so ein Ende der Kindheit!

Fast wöchentlich kam Volker mit Novitäten nach Hause. Saxon, Praying Mantis, Iron Maiden, deren »Killers«-Album von allen sogleich als Meilenstein anerkannt wurde, auch von mir, und das mich dennoch auf eine eigentümliche Weise kalt ließ. Auch Whitesnake und Motörhead, vor allem »Ace of Spades«, auch AC/DC und die vielen anderen Formationen, Angel Witch, Raven, Witchfynder General etc., die es dann nicht schafften und trotzdem ihren dicken Eintrag in der Genre-Historie bekamen. Denn diese gelegentlich so krude, grobianisch und unbarmherzig auftretende Subkultur hat ein weiches Herz und eine treue Seele – und sie weiß, was sich gehört: den Altvorderen, den Stammvätern Respekt zu zollen!

Wir hingen in Volkers Zimmer herum und hörten einfach nur Musik, wurden irgendwann von der sehr gastfreundlichen Mutter der Brüder zum Kaffee gerufen, und gingen dann wieder zurück ins Zimmer – Musik hören. Stundenlang und konzentriert. Das war naiv und sophisticated zugleich, jedenfalls hellwach. Wir kommentierten, analysierten das Gehörte, sangen mit und unterbrachen diese Listening-Sessions immer wieder mit Ausrufen der Überraschung und der schieren Verzückung. »Habt ihr das gerade gehört?« Klar hatten sie das gehört. Und manchmal auch nicht. Wir redeten uns die Köpfe heiß, stritten uns erbittert um Songs und Lieblingsparts, weil man nicht verstehen konnte, verstehen wollte, dass dieses eine Intro und diese Bridge da die beiden Mithörer nicht ganz genauso packte wie einen selbst. An einem dieser Nachmittage wurde mir euphorisch bewusst, dass ich nie wieder Langeweile haben würde.

An diesem Nachmittag konnte ich meine Aufregung schlecht verbergen, ich hatte etwas entdeckt! Volker öffnete die Tür, aus dem Hintergrund erklang das miese Frenchy-

Englisch vom Trust-Sänger Bernard Bonvoisin, das Album »Repression« mithin, Volkers letzter Neuzugang.

»Kennst du Thin Lizzy?«, platzte ich heraus.

»Die machen doch so 'n Folk-Kram.« Seinem Blick entnahm ich eine gesunde Skepsis, die mich fast einknicken ließ, aber schließlich hatte ich gesehen, was ich gesehen hatte.

»Quatsch, die sind schweinehart ... Gerade bei meinem Bruder gehört, gute Gitarren ... Das ist Heavy Metal, Mann ...« Wie gesagt, ich war aufgeregt.

»Das ist doch wieder so 'n Hippie-Scheiß«, platzte Rüdiger dazwischen, der gerade aus seinem Zimmer kam mit Rainbows »Straight Between The Eyes« in den Händen. »Wie neulich diese frühe von Black Sabbath ... ›Paranoid‹ ... Ich fass' es nicht.«

»*Du* hast Thin Lizzy noch nicht gehört!« Ich zwar auch nicht, aber bald ...

Und jetzt saß ich also auf dem alten Ehebett meiner Großeltern, in dem alten Schlafzimmer die Treppe herauf, und hörte die schwarze C 90er Chromdioxid Super II von BASF, die er mir zum Einstand aufgenommen hatte. Ich ließ das Band schon zum zweiten Mal durchlaufen. Und ich war enttäuscht, ganz schwer und leidenschaftlich enttäuscht.

Es ist schwer für mich, diese nicht erfüllte Erwartung von damals noch einmal erinnernd nachzuvollziehen, schwer deshalb, weil ich das Album schon bald darauf lieben lernte und bis heute liebe, und weil sich diese durch unzähliges Hören versicherte Liebe lasziv-verheißungsvoll vor diese erste Abneigung gelegt hat. Vielleicht war es nicht einmal Abneigung, sondern eher Irritation. Ich erinnere mich aber durchaus, dass die Rhythmusgitarren nicht so klangen, wie ich es gewohnt war. Nicht so laut eben! Die sonore, warme, irgendwie traurige Stimme von Phil Lynott setzte sich mühelos gegen sie durch – und er musste nicht einmal schreien. Ja, auch das fiel mir auf: Lynott schrie gar nicht, er sang einfach. Ein bisschen zu einfach und entspannt wirkte das. Aber vor allem störten mich die vielen zurückgenommenen, elegischen, blues- und vielleicht sogar soultemperierten Passagen. Was sollte das Saxophon bei »Dancing In The Moonlight«, was sollte überhaupt so ein Song? Was waren die denn nun, was wollten die sein? Eine Hard-Rock-Band? Oder was anderes? Wozu dieser Mundharmonika-Jam in »Baby Drives Me Crazy«?

»Making a lot of noise ... On Harmonika, from the Graham Parker Band, Huey Lewis!« Und tatsächlich, es ist jener Huey Lewis, der einige Jahre später mit »I Want A New Drug« einen Top-Ten-Hit hatte und danach mit noch ein paar anderen Singles oben mitspielte. Eine ganze Weile eigentlich. Wer genau hinhört, erkennt sogar seine Stimme, als er sich für die Publikums-Ovation bedankt. Ich erwähne ihn jetzt, weil er »& the News«, seine gesichtslose Band aus Studiomusikern, das gegenteilige Phänomen repräsentieren. Damals konnte man sie ohne weiteres hören. Es war okay, nicht der ganz große Karamba-Hammer, aber okay. Wer das jetzt noch einmal versucht, und man kann das tun mit der DVD »Huey Lewis At Rockpalast«, die unter anderem seinen Auftritt bei der 14. Rockpalast-Nacht dokumentiert, bekommt vor allem demonstriert, wie zeitgebunden ihr hochglanzpolierter, unbedingt eingängiger AOR-Radio-Rock ist – war! Auch wer wie ich nie eine Platte von ihnen besaß, kennt beinahe die Hälfte des Sets – »If This Is It«, »Heart And Soul«, »Walkin' On A Thin Line«, »Power Of Love« –, nur weil er in den 80ern gelebt hat. Und so ganz und gar kann man sich denn auch nicht dem Sog des Mainstreams entziehen, aber diese Musik funktioniert wirklich nur noch in Verbindung mit dem Sekundär-Reiz der Sentimentalität – und vermutlich macht sie auch deutlich weniger Spaß ohne dieses fast schon karikaturhaft zeittypische Outfit der Musiker beim 1984er Grugahallen-Auftritt.

Thin Lizzy waren fundamental anders. Das konnte man, wie gesagt, nicht so einfach weghören. Man musste sich auseinandersetzen, man war vielleicht sogar gezwungen, ein paar Hörgewohnheiten und -gewissheiten aufzugeben, weil ihre Musik nicht aufging im Hard & Heavy-Konzept, weil sie das Schema sprengte, jedes Schema sprengte, weil sich Thin Lizzy ihr eigenes, ganz originäres Genre schufen.

Ich war fast ein bisschen sauer über die Frechheit dieser Band, nicht so zu sein, wie ich sie mir vorgestellt hatte. Blieb aber dran, weil es nicht anders ging, weil ich meinen Freunden den Beweis schuldig war, dass ich recht hatte – dass diese Band etwas taugte. Und so hörte ich, auf dem Ehebett meiner Großeltern sitzend, bis zum Ende der Woche, bis Vater und Mutter aus ihrem Urlaub zurückkamen und ich endlich die Anlage im eigenen Zimmer aufstellen konnte, Rainbows »Difficult To Cure«, »Come And Get It« von Whitesnake und immer wieder »Live And Dangerous«. Und ich glaube, am Ende der Woche hatte ich meine Lizzy-Lektion gelernt, aber vielleicht mache ich mir da auch was vor.

Sicher weiß ich, dass ein eher untypischer Song, das Bob-Seger-Cover »Rosalie«, eine goldene Brücke baute. Dieser energisch runtergeschrubbte, in der Live-Euphorie deutlich kraftvollere, ja, entfesselte Simpel-Riffer kam offensichtlich dem, was ich schon kannte, am nächsten. Da war sie, die erwartete Erfüllung des Heavy-Solls! »Rosalie« hatte den Druck, den anschlagsintensiven Gitarren-Punch – oder vielleicht auch nur die entsprechenden suggestionsfördernden Reizvokabeln, denn aus sicherer Distanz betrachtet war es längst nicht das härteste Stück des Albums:

She knows music
I know music too, you see
She got the power
I got the power, Rosalie

Im Zweifelsfall war »power« immer gut. Und die richtige Musik kannte ich auch.

Nun wird dieses Stück in der Mitte dann doch wieder unterbrochen von einem Slow-Part, der aber damals als Mitsingteil durchgehen konnte – der sich in Wirklichkeit jedoch zu einer kongenialen Fortführung der Seger-Nummer, als »Rosalie Part II« auswuchs und zu Recht einen eigenen Titel bekam: »Cowgirl's Song«.

Also, »Rosalie« nahm ich ihnen ohne weiteres ab. Aber auch nur in dieser studiotechnisch ziemlich aufgeputzten Live-Version. Die unsäglich bieder produzierte Studio-Aufnahme vom »Fighting«-Album klingt zaghaft dagegen, wie frisch gelernt und hätte mich damals sicherlich unbeeindruckt gelassen. Mittlerweile kann ich auch dieser Aufnahme einiges abgewinnen – weil sich hier viel deutlicher, in nachgerade rührender Aufrichtigkeit zeigt, wie Lynott sich diese kleine Eloge zu eigen, wie er Rosalie zu »my teen queen« macht.

Und gleich danach kam »Southbound«. Wieder so eine zurückhaltend langsame, melodiöse Klagenummer. Warum gerade die? Dazu habe ich meine eigene Theorie. Nachdem ich die C 90er mehrmals durchgehört und »Rosalie« sich als die beste Anspielstation herausgestellt hatte, spulte ich gleich an die richtige Stelle, die meistens nicht die richtige war. Wer das mal bei einer C 90er versucht hat, weiß, dass die Zeit nicht nur eine messbare, harte Größe ist, sondern zugleich weich und flexibel wie Knete. Immer wenn man beim Vorspulen dachte, jetzt müsste der Song doch aber langsam kommen, war man gerade mal am Ende von »Emerald«, und weil man sicher gehen wollte, die schöne Ansage nicht zu verpassen, beließ man es einfach dabei und nahm »Southbound« gleich mit. Meistens jedoch landete man mitten in diesem Song, hörte folglich nur einzelne Parts, immer wieder andere Stellen, aus unterschiedlicher Perspektive, aber mit besonderer Aufmerksamkeit, denn man musste ja lokalisieren, wo man sich gerade befand. Man zerlegte, analysierte das Stück auf diese Weise: die melancholisch-einschmeichelnde Twin-Solo-Einleitung, die immer mal wieder refrainhaft aufgerufen wird, der stimmungsvolle, Abschiedsschmerz und Fernweh fein austarierende Chorus (»Ooooh-o-ho-hooo, I'm going southbound«) und vor allem diese magischen Gesangsstrophen, die den Mythos aufrufen, die menschliche Ursituation des Aufbrechens, des Weggehens, zur Steigerung des Effekts sogar ohne Abschied:

Tonight after sundown
I'm going to pack my case
Without a word, without a sound
Disappear without a trace

Es gibt für dieses Verhalten keine Begründung. Das archetypische Ich in diesen Zeilen weiß nur, dass er hier weg muss:

Tumbling with the tumbleweed
Down the open road
Taking only what I need
Before my head explodes

Und auch wenn ich nicht alles verstand, damals, den sehnsuchtsvollen, aber auch ängstlichen Kern des Songs nahm ich sehr wohl wahr – und vielleicht erkannte oder erahnte ich in diesem unaufgelösten und deshalb so spannungsvollen Widerspruch eine adäquate Beschreibung meiner halberwachsenen Situation. »Southbound« bleibt ja eine einzige Absichtserklärung. Das Ich nimmt sich etwas vor und spricht sich selbst Mut zu, aber der eigentliche Ausbruch wird auf später verschoben (»Tonight after sundown ...«). Das Stück ist ein Tagtraum: Man müsste eigentlich ... Und beim euphorisch eingeleiteten Solo von Scott Gorham scheint wirklich nicht mehr viel zu fehlen, da wird das bessere Leben bereits imaginativ vorweggenommen. Aber ob es jemals dazu kommt, bleibt offen. Und genau das machte es so suggestiv für mich Adoleszenten. Es nährte meine Sehnsuchtsphantasie, aber konfrontierte mich nicht mit den Folgen, verlangte noch keine Entscheidung von mir. Jetzt noch nicht.

Erst »Southbound« durchbrach die Demarkationslinie zum gelobten Lizzy-Land. Und es war schon mehr als ein Versprechen, dass die Reise dorthin sich lohnen würde. Ich wartete nicht auf den Sonnenuntergang, sondern begann es sofort zu erkunden, weil ich seine Schönheit gesehen hatte. Mir wurde auf einmal klar, dass es gar nicht so schlimm war, dass diese Band nicht so recht ins Genre passte – oder besser: dass sie das Genre transzendierte. Im Gegenteil, gerade das machte sie aus und zu etwas besonderem. Und man kann diese Erkenntnis für trivial halten, aber in unserem provinziellen, bornierten, dogmatischen Heideschädel hatte damals wirklich nur die reine Lehre Platz – und das Weib als solches und im besonderen, aber das gehört jetzt nicht hierher –, alles andere war gar nicht der Rede wert. Insofern ist der Umstand, dass ich auf einmal Thin Lizzy mochte, und zwar nicht nur ihre harten Sachen, sondern gerade die elegischen, sinistren Jeremiaden, gar nicht hoch genug zu bewerten. Das war meine ganz persönliche Geschmacksrevolution.

Und anders als bei manchen anderen Bands, Songs und Alben war ich mir meiner Sache so sicher, dass es fast keine Rolle spielte, wie die anderen »Live and Dangerous« fanden. Ich war mir selbst genug! Trotzdem nahm ich eine gute Woche später die schwarze BASF, steckte sie in die Tasche meiner Jeansjacke – auf dem Kassettenrücken prangte meine dilettantisch-freie Interpretation des Band-Schriftzugs – und besuchte die Bruderschaft. Wir hörten sie einmal durch, wobei ich versuchte an ein paar Stellen rezeptionslenkend das Gehörte zu annotieren: »Hier, gleich, das Wah-Wah-Solo von Brian Robertson ...« Dann noch einmal die erste Seite.

»Ziemlich weich, oder?«, sagte Rüdiger schließlich.

»Ja«, räumte ich schulterzuckend ein, »irgendwie schon.«
»Aber die zweistimmigen Gitarren kommen gut – fast so wie bei Maiden.« Volker nickte mir beifällig zu.
»Eher andersherum ...«
»Wie jetzt?«
»Na, Thin Lizzy waren eher da ...«
»Haben die das erfunden, oder was?« Rüdiger sah mich mit spöttischem Augenaufschlag an.
»Doch, ja ... könnte man sagen.«
»Trotzdem ... So gut sind die auch wieder nicht, bisschen weich, fast weinerlich ...«
»Man muss das *öfter* hören!«
»Lass mal hier, ja«, sagte Volker.
»Geht nicht«, schüttelte ich den Kopf. »Gib mir 'n 90er mit, dann nimmt sie dir mein Bruder auf.«
»Hab gerade keine da.«
Und damit war das Thema Thin Lizzy in diesem Hörerkreis erstmal verhandelt. Aber ein paar Tage oder Wochen später stieg die nächste große Party im Partykeller meines Onkels, wo wir eine zeitlang so ziemlich alles feierten – vor allem weil er immer zwei, drei volle Halbliter-Kisten mit Dortmunder Export im Keller stehen hatte, auf die wir ungefragt zurückgriffen, wenn es eng wurde, und weil er ein duldsamer Mensch war, der sich über gar nichts beschwerte. Nicht über die Druckbeschallung bis 5 Uhr morgens, selbst dann nicht, wenn er Frühschicht hatte; nicht über die zehn bis zwanzig Gäste, die sich im Laufe eines Abends trotz eigens angebrachter Wegweiser in sein Schlafzimmer verirrten und nach der Toilette fragten; nicht über die Flaschen im Vorgarten, selbst dann nicht, wenn es Dortmunder Export war; nicht über gebrauchte Präservative in der Dusche, Kotzmosaike in der Hofeinfahrt. Nur einmal, als er zwei versoffene Knaller dabei erwischte, wie sie in seiner Küche – dieser verflixte kleine Hunger zwischendurch! – dem dicken rotweißen Prügel

luftgetrockneter Mettwurst zu Leibe rückten, platzte ihm der Kragen, und er schrie so laut, dass man es trotz der Musik im Keller hörte, aber nicht verstand. Bleich kamen die beiden in den Keller zurück und berichteten immer noch heillos verstört. Er habe ihnen die Mettwurst an die Kehle gehalten und immer wieder »ABFLUG« gebrüllt, immer wieder: »ABFLUG ... ABFLUG ...« Noch als sie die Kellertreppe hinuntergerannt seien, habe er ihnen dieses eine Wort nachgebrüllt. Einer der beiden wandte sich an mich. »Ist dein Onkel ein Freak, oder sowas?«

»Doch ja, könnte man sagen«, nickte ich.

Und auf einer dieser Feiern, wahrscheinlich war es mein 16. Geburtstag, spielte ich »Rosalie« und »The Boys Are Back In Town«. Und zwar nicht weil ich mein soziales Umfeld infiltrieren, sondern weil ich Thin Lizzy hören wollte – und weil die beiden Songs mir für diese Party am geeignetsten erschienen. Und was ich dann sah, machte mich auf ganz naive Weise froh, öffnete mein Herz, offenbarte mir, dass ich nicht allein war, dass ich Freunde hatte. Es hätte meine Meinung nicht geändert, aber das heißt nicht, dass es mir nichts ausgemacht hätte, wenn die Band durchgefallen wäre. Aber das Gegenteil war der Fall. Ein Luftgitarrengeschwader positionierte sich zum Formationsflug. Volker und Rüdiger waren darunter – und auch ich reihte mich ein und das Grinsen tat mir schon fast weh. Und als wir in der Woche darauf nach Hannover fuhren zu Phonac in die Passarelle, zu unserem ersten Plattengroßeinkauf, der von nun an im halbjährlichen Turnus stattfinden sollte, kaufte sich Rüdiger das »Jailbreak«-Album. Es war mit einem roten Aufkleber – »Original LP zum Sonderpreis« – verziert und ist es noch, denn es befindet sich heute aus nur mir erklärlichen Gründen in meinem Besitz.

Der rote Aufkleber rechts oben auf dem Cover, ich muss das Album nicht herausziehen, um es mir zu imaginieren, gehört unmittelbar dazu, genauso wie der Umstand, dass es eine schwarze BASF war mit dem selbstgezeichneten Logo auf dem Kassettenrücken. Das sind keineswegs unwichtige Fakten, und schon gar nicht sind sie unwesentlich. Sie gehören zum Wesen meines, unseres damaligen Rezeptionsprozesses. Sie sind von Bedeutung, weil wir ihnen Bedeutung beigemessen haben.

Wenn Walter Benjamin dem »Kunstwerk im Zeitalter seiner technischen Reproduzierbarkeit« einen Verlust der Aura, also seines quasi-religiösen Wirkungspotentials bescheinigt, eben weil es massenhaft verfügbar ist, seinen Unikatcharakter verloren hat, weil man nicht mehr mit einer Art Heilserwartung zu dem Schrein pilgern muss, der das Kunstwerk aufbewahrt – dann erscheint mir unsere damalige Rezeptionspraxis fast wie ein Versuch, Benjamin das Gegenteil zu beweisen.

Eine Platte existierte in unserem Hörerkreis exakt einmal. Und wir behandelten sie als durchaus heilsspendendes Unikat. Als Palliativ, Remedium, als das Ding, das es irgendwie erträglich macht.

Unser Schrein, in dem wir das Kunstwerk aufhoben und bewahrten, war Volkers Jugendzimmer, waren die Nachmittage, in denen die Platte sich immer wieder drehte und wir das Cover wendeten, in denen wir uns versenkten, in denen wir andächtig, aber nicht nur auf uns selbst zurückgeworfen, sondern eher nach Art eines schwarzen Gospel-Gottesdienstes oder einer pietistischen Messe mitmachten, interagierten, die frohe Botschaft für uns auslegten. Und dieser Schrein weitete sich aus. Wir wiesen diesem einen ganz originären Album einen bestimmten Platz zu in unserem Leben, und im Kontext unseres Daseins lud es sich mit Bedeutung auf. Ganz individuelle Stimmungen, Erinnerungen, Gefühle gingen eine haltbare Verbindung mit ihm ein, blieben so jederzeit abrufbar. Kurzum, wir gaben dem vervielfältigten Kunstwerk seinen absoluten Unikatcharakter zurück. Und es ist ziemlich egal, ob man das Aura nennen will, oder wie auch immer – mehr Wirkungspotential als der von uns so gedeutete, also mit Bedeutung überhäufte, industriell gefertigte Konsumartikel kann das ideale prämoderne Kunstwerk Benjamins auch nicht gehabt haben.

Mittlerweile sind wir auf einer höheren Abstraktions- und also Entfremdungsebene angelangt, dem Zeitalter der digitalen Reproduzierbarkeit. Die fundamentale Veränderung des Distributionsprozesses durch das Internet, die uneingeschränkte Verfügbarkeit von allem, sofort und gleichzeitig und noch dazu kostenlos, hat sich einmal mehr maßgeblich ausgewirkt auf die zeitgenössische Rezeption des (musikalischen) Kunstwerks – und wird dies in der Zukunft vielleicht noch stärker tun. Aus Hören wird Reinhören. Die Folge ist ein gewaltiger Intensitätsverlust der Kunsterfahrung: An die Stelle des qualitativen rückt das quantitative Erlebnis. Man winkt nur noch durch, ohne sich wirklich dauerhaft und nachdrücklich affizieren zu lassen, weil die Masse der konkurrierenden Angebote dafür gar keine Zeit lässt. Auf diese Weise entstehen aber nun einmal keine musikalischen Biographien. Musik als populäre Kunstform verliert somit ihre identitätsstiftende Funktion. Hinzu kommt nämlich noch, dass die Verständigung über Musik immer schwieriger wird. Durch die zunehmende Diversifikation bröckelt die gemeinsame Diskussionsbasis, wird in immer kleinere Einheiten, Teilkulturen atomisiert. Jeder ist ein Spezialist unter Spezialisten, und alle reden aneinander vorbei.

Soviel – erstmal – zu meinem musiksoziologischen Kassandrakomplex. Bin ich Matthias Horx? Weiß ich, was das Internet für die Zukunft des Musikhörens bringt? Weiß der es denn? Nein, dieses kulturkritische Horrorszenario soll nur die Folie liefern, vor dem sich dann die von mir präferierte, antagonistische Methode umso gleißender, suggestiver abhebt. Die Geisterbeschwörung. Der Versuch zurückzukehren zu den anfang- und endlosen Nachmittagen im Kreise der Freunde, während die Platte sich drehte und wir das Cover wendeten, in stiller Versenkung, in kollektiver Euphorie – zurückzukehren zur Musik von Thin Lizzy, Iron Maiden, Motörhead, Blackfoot und Angelwitch, die ein Teil davon war.

HERZBERG FREAK CITY

An Tapeziertischen unter einem Zeltpavillon sitzt die am frühen Nachmittag schon mehr als gut gelaunte, zweiköpfige Akkreditierungscrew. Das Grinsen des einen ist so breit wie der Bong, den er heute schon eingeatmet hat, und entsprechend schwierig gestaltet sich dann auch die Suche nach meinem Namen. »Schäfer ... Schäfer ... Schäfer ... Na, wo haben wir ihn denn?« »Da unten, unter S!« Zeit, das müssen wir erst wieder lernen, ist eine relative, nämlich relativ dehnbare Angelegenheit. Der Mann vom Empfangskomitee verliert dann aber doch ein wenig von seiner sedativen Gelassenheit, als er uns empfiehlt, Wagen und Zelt hier im Artist-Bereich abzustellen, wir aber darauf bestehen, in der »Freak City« campieren zu wollen, weil ein Kollege uns dort einen Platz freigehalten habe. Er sieht uns lange an, aber dann bricht es erstaunlich heftig aus ihm heraus. »Mensch, wollt ihr da jemand totfahren? Freak City ist dicht bis hierhin ...« Ein Schnitt mit der Handkante auf Höhe seiner Nase soll uns das unmissverständlich klarmachen. Dann überlegt er wieder eine Weile und gibt seinem Kollege das Funkgerät (»Ich weiß immer nicht, was ich da sagen muss«), und der fragt den dortigen Streckenposten, ob noch Platz sei im Paradies. Nach einem elektrischen Knacken kommt die frohe, erfreulich lakonische, ja, fast schon unerwartet präzise Botschaft aus dem Walkie-Talkie: »Ja!« Trotzdem dauert es einen Moment, bis unser Gegenüber verstanden hat. Dann hebt er resignierend die Augen gen Himmel, der schon von ziemlich dunklen Wolken vergeigt ist, und setzt sich wieder in seinen Campingstuhl. »Mir ist das alles zu kompliziert heute ...«

Man hatte mir eingeschärft, unbedingt in »Freak City« zu nächtigen, weil man den Herzberg-Geist hier noch am ehesten atmen könne. Das ist nicht zuviel gesagt. Auf der Flaniermeile den Hang hinunter – die Querwege tragen die Namen der auftretenden Bands – tummelt sich buntes Volk: barfüßige Pilgertypen, Jesus-Freaks, eine Rothaut in vollem Federschmuck, überall freilaufende Hunde. »Ivan ... Ivanhoe, komm mal bitte!« Ein Kind auf Stelzen macht umständlich kehrt und stakst zurück zum »Kinderland« im Herzen der Stadt. Ein Gitarrenspieler sitzt im Kreise seiner Lieben und klampft für den Frieden oder eine andere gute Sache. Ein Weißzopf führt eine Bonsai-Sitar vor, im Näherkommen sehe ich den draufgeschraubten Humbucker-Pickup. »Selbstgebaut. Die müsstest du mal hören, wenn ich die über meinen Marshall jage, war mir aber zu viel Aufwand, den auch noch den Berg hinaufzuwuchten ... Eigentlich will ich hier ja nur ein paar CDs verkaufen.«

Wenn man die vornehmlich in Zelten untergebrachte Angebotspalette abgeht, gewinnt man einen repräsentativen Überblick über die zeitgenössische, reichlich eklektische Hippie-Subkultur. Hier findet man Coffee-Shops mit Biertischen davor, an denen man auch eine Tasse Kaffee trinken kann. Eine Bar wartet mit einer eigenen kleinen Bühne auf, wo während der Umbaupausen eine gar nicht unebene Amateur-Band ihre Blues-Standards abspult. In einer mit bequemen Teppichen ausgelegten Jurte wird an niedrigen Tischen Minztee serviert, bei einem mit Elefanten-Knüpfbildern verhängten Indien-Imbiss ist alles garantiert »ayurvedisch und vegan«. Ein Buddha-Zelt lädt zum Meditieren und Beten ein, auf der anderen Seite steht eine überlebensgroße hölzerne Indianerstatue, warum auch immer.

Vor einem Tipi lässt sich eine Dunkelhaarige mit indianischen Zöpfen eine Shiatsu-Massage »für Körper und Seele« angedeihen. Drei hölzerne, oben wie zu einem Zelt gekreuzte Holzstangen, an denen Seilschlaufen baumeln, versprechen vergleichbar kurative Wirkung, nämlich einen »Hangab für

Körper und Geist und Seele zum Entspannen«. Auf einem Teppichlager kann man »Chai Energiebällchen« verdrücken und anschließend dort ein bisschen herumliegen, vermutlich um den energetischen Überschuss wieder abzubauen. Ein Zelt weiter wartet der »Bachblüten-Check«. Ah, und »Bienes Batik-Workshop« beginnt auch gerade. Biene ist ausgefuchst, sie praktiziert ein duales Geschäftsmodell, bietet auch noch »Met (Honigwein) & mehr Keltisch-Germanisches« feil. Diversifikation scheint ohnehin das Gebot der Stunde zu sein. Einer kocht Kaffee und Tee und hat dazu auch noch ein paar Kisten mit Platten herumstehen, ein anderer verkauft »Guarana-Kugeln, Feuer-Ketten, Henna-Tattoos und Lebensberatung«. Ein echter Allrounder.

Dann passiert man die Eintritts-Schleuse zur Festival-Wiese. Lächelnde Ordner, die erfreulicherweise mal nicht wie die sonst üblichen kurzgeschorenen, schwarzgewandeten Kampfzwuckel aussehen, begrüßen einen freundlich und fragen, ob sie mal in die mitgeführte Tasche sehen dürfen. Flaschen und Dosen sind nicht erlaubt – dass man auch etwas Schwerwiegenderes mit sich führen könnte, steht gar nicht zur Debatte. Und sie vergessen auch nicht, sich für die Bereitwilligkeit, mit der man mitgespielt hat, zu bedanken.

Auf dem Festival-Gelände dann ein ähnlich quietschvergnügtes, buntscheckiges Bild. Das ganze Gelände ist gesäumt von Fress-Buden, Hippieklamottenständen, Sarasani-Zelten mit indischen Wandteppichen, Afghanentand, afrikanischem, südamerikanischem oder fernöstlichem Holz-, Leder- und Muschelschmuck. »Die Welt ist kene Ware« steht warnend auf einem Attac-Banner, und Alice, ein »Drug- and Culture-Project«, fragt: »Lebst du schon oder kaufst du noch?«

Davor jonglieren Menschen mit Bällen oder Keulen, andere schleudern gekonnt, als hätten sie das bei den Maori gelernt, ihre bunten Bänder (Kiwidos), später, bei einsetzender Dunkelheit dann Feuerpois, die einen noch größeren Effekt machen. Die »Kommune Niederkaufungen« vertickt bis früh in den Morgen Bohnen- und Getreidekaffee, Tee und selbstgebackenen Kuchen, und jedem Kunden schenkt die junge Frau im Öko-Casual-Look ihr herzlichstes Lächeln, auch noch nach drei Uhr früh. Sogar für einen astrologischen Notdienst ist gesorgt, wenn es die Sterne mal wieder gar nicht gut mit einem meinen.

Man kann das alles belächeln, und viele der Anwesenden pflegen wohl ein eher ironisches Verhältnis zu dem hier so offensiv ausgestellten Quatsch, aber es gibt doch etwas, um das man die Alt-, Post- und Neo-Hippies beneiden kann: diesen kleinen Vertrauensvorschuss dem Fremden gegenüber, diese gütige Arglosigkeit, an die man sich sehr schnell gewöhnen kann. Schon nach kurzer Zeit ist man assimiliert und macht da ganz gerne mit.

»Ein Hauch von Woodstock« sei spürbar gewesen auf dem ersten Burg Herzberg Festival, sagen die Altvorderen. Und wenn man sich die Bilder von damals ansieht, muss man ihnen sofort zustimmen. Es war wirklich nur ein Hauch. Die Männer sind akkurat gestärkt und gebügelt, die Frauen haben sich eigens eine neue Dauerwelle betonieren lassen. Und »fleißige Helfer schmierten Schmalzbrote« ...

Fast wäre es gar nicht dazu gekommen in diesem sprichwörtlichen heißen Sommer 1968. Nicht etwa weil die Behörden hier in der nordhessischen Provinz die Revolte hätten fürchten müssen, es war schlicht scheißheiß. Wegen der wochenlangen Dürre befürchtete Graf Freiherr von Dörnberg, der hiesige Burgverweser, einen Waldbrand und wollte seine Erlaubnis nicht geben, aber dann regnete es doch noch. Die auch überregional halbwegs bekannte Beat-Band The Petards hatte das Festival selbst organisiert, das sich binnen zweier Jahre zu einem professionellen Open Air auswuchs, auf dem sich die einstige Krautrock-Prominenz – wie Guru Guru, Can,

Amon Düül II, Jeronimo, Frumpy und Embryo – die Klinkenstecker in die Hand gab. 1972 jedoch lösten sich The Petards auf, und ohne Veranstalter kein Festival. Fast zwei Jahrzehnte war Ruhe in der Region, dann, 1991, erinnerte sich die Belegschaft des Fuldaer Plattenladens »Marleen« an Herzbergs Gloria und blies zum Revival, dem weitere Hippie-Tagungen, nun wieder im jährlichen Turnus, folgen sollten. Und so kann die mittlerweile auch schon mehrmals runderneuerte Veranstaltercrew in diesem Jahr mit ein bisschen Augenzudrücken 40-jähriges Herzberg-Jubiläum feiern.

»Wir wollen in den nächsten zwei bis drei Stunden uns erinnern, was früher einmal gut war!« droht Stefan Danielak, der sich »früher« auch gern »Willi Wildschwein« nannte und mit einigen alten Kombattanten und Söhnen im letzten Jahr Grobschnitt reformiert hat. Neben mir lachen dann auch ein paar, aber das war kein Spaß. Ihr Auftritt, die gleiche großspurig-prätentiöse Nummer aus Fantasy-Rockoper, Kindertheater und Polit-Mummenschanz, die sich irgendwann in den Achtzigern überholt hatte, dauert wirklich so lange, schließlich soll das der Höhepunkt des Freitags sein und entsprechend wird er vom Einschreier angekündigt als »das Größte, was das Festival bisher auf die Beine gestellt hat«. Nun, Roadies in Polizistenkostümen mit Blaulicht auf dem Helm fingieren eine »Razzia«, ein Vogelmensch geht einmal flügellahm über die Bühne, zwei SciFi-Arbeiter in schwarzem Leder und futuristischen Hühnermasken lassen mit ihrer Flex die Funken sprühen, man brennt ein paar Pyros ab und macht auch viel mit Licht. Aber es ist nicht einmal die Fallhöhe, die es so lächerlich macht, sondern diese Billig-Theatralik, die andererseits ihre Musik recht adäquat abbildet. Der Sound ist dicht und adipös, die vielen Gitarren und Keyboards stehen voll im Lack, aber es ist eben doch bloß musikalische Kulissenschieberei. Sie spielen »Solar Music«, einmal mehr gestreckt mit vielen Improvisationen, die aber gar nicht improvisiert klingen, »Silent Movie«, Teile aus »Rockpommels Land«. Der Titel ist Programm – ein paar Provinzteutonen träumen, sie wären Pink Floyd. Aber Herzberg hat ihre Helden wieder und feiert sie gebührend, scheint sich auch nicht daran zu stören, dass Wildschwein und Co. in ihren Anmoderationen peinlich unverhohlen Selbstapotheose betreiben. Nach einer dreiviertel Stunde schaue ich das erste Mal auf die Uhr.

Bei Bröselmaschine am Nachmittag hat es nicht mal so lange gedauert. Ihr Folk-Art-Jazz-Rock ist rund, absolut tight und sauber gespielt. Peter Bursch, im Programmheft angekündigt als »Gitarrenlehrer der Nation«, führt als musikalischer Direktor seine Band durch ein technisch astreines, anstrengend langweiliges Set, und sein Bühnengebaren hat dann auch tatsächlich Kreisvolkshochschul-Charme. »Wenn ihr mögt, könnt ihr euch jetzt etwas bewegen.« Die beiden Lead-Gitarristen können einem leid tun, sie fühlen sich sichtlich unwohl auf der Bühne und wissen kaum wohin mit ihren Händen, wenn sie nichts zu solieren haben.

Aber je später der Abend. Das Stoner-Rock-Trio Colour Haze verliert sich bisweilen im Fusion-Nirvana, das ist dann keine Musik mehr, sondern Geräusch, die Tonspur fürs entspannte Kiffen, aber man kommt dann doch immer wieder zur Sache, und das ist schwarzes, drückendes, staubtrockenes Riffing. Als mein Freund Jo die blonde, ältere Frau neben sich bemerkt, die engagiert ihre Fotos macht, bietet er ihr seinen Fotopass an. »Damit kommst du direkt vor die Bühne.« Aber die sublim gealterte Schönheit lehnt kopfschüttelnd ab, fragt ihn dann aber, wie er die Musik finde. »Ooch, ganz gut eigentlich!« Da blickt sie ihn stolz lächelnd an. Sie sei nämlich die Mutter des Gitarristen mit den langen Haaren.

Jetzt müssen wir natürlich bis zum Schluss bleiben und verpassen so den Anfang der dynamischen, cleveren Garage-Psychs Magnificient Brotherhood, die ihre Farfisa hudeln und die Gitarre fuzzen lassen nach bewährter Sixties-Art. An dieser Musik klebt mindestens so viel Grünspan, und trotzdem klingt sie nie obsolet – und vor allem nehmen sich die vier Musiker nicht ernster als unbedingt nötig. So muss ein Festival-Tag zu Ende gehen.

Schließlich schleppen wir uns geschafft den Berg hinauf, fallen in unsere Zelte und bemerken, dass wir noch die Luftmatratzen aufpusten müssen – und in der Dunkelheit natürlich nicht die Ventile finden. Die Konfirmandenfreizeit nebenan lässt einen All-Time-Lagerfeuer-Mix laufen, aber auch das spielt jetzt schon keine Rolle mehr.

Ich bin mit Gunther Lorz verabredet, der seit 1991 mit dabei ist und seit '94 zum Management gehört. Er kommt gerade von der »Freak Stage«, der kleineren der beiden Bühnen, mit den Aufnahmen von Bjørn Berge und ist noch ziemlich euphorisiert von dem norwegischen Bluesman, der nur mit einem Kupferslide und seiner 12seitigen Akustikgitarre eine fulminant scheppernde, auf über zehn Minuten trickreich zerdehnte, dekonstruierte Version von Motörheads »Ace of Spades« dargebracht hat, die er unbedingt auf dem nächsten Herzberg-Sampler veröffentlichen will. Lorz ist Beat-Autor und hier beim Festival so etwas wie das Mädchen für alles. Er managt die Tickethotline, macht die Pressearbeit, ist verantwortlich für das festivaleigene Plattenlabel und bekommt als einziger ein monatliches Salär ausbezahlt. »Ich lebe davon, das sind 1050 Euro Netto«, er hebt grinsend die Schultern, »dafür ist es aber auch ein guter Job. Die denken ja immer alle, wir würden uns hier eine goldene Nase verdienen, dabei bleibt für die umliegenden Geschäfte hier viel mehr hängen als fürs Management. Nur ist das im Bewusstsein der Leute nicht so präsent. Der Edeka in Breitenbach zum Beispiel hat sein zweites Weihnachten, weil wir hier keinen Schnaps verkaufen und einige eben doch ihren Jim Beam brauchen.«

Er beschwert sich auch über die hohe Miete für die Wiese, die dem örtlichen Pferdezüchter gehört. »Der schröpft uns eigentlich am meisten, das ist unser heimlicher Headliner, der Mann von der ›Besamungsstation‹ ...« Ein entsprechendes Schild steht an der Hauptstraße – eigentlich eine ganz schöne Metapher für den Austragungsort dieser »Traditional Hippie Convention«.

»Gewinn, Ertrag und Rendite, das sind drei Fremdwörter hier. Dieses Jahr legen wir sogar wieder drauf, das ist aber auch nicht so schlimm, wir machen ja noch Konzerte hinterher, mit Fury in the Slaughterhouse, Uriah Heep, Thin Lizzy. Und dann haben wir noch Sweet, Smokie, Slade und Rubettes an einem Abend, das ist natürlich das absolute Highlight«, er verzieht ironisch das Gesicht, »aber bei diesen Biertrinker-Bands kommt natürlich auch was rum. Da trinken die Leute und feiern sich sechs Stunden lang selbst, da haben wir an einem Abend 20.000 Euro allein an den Getränken verdient.«

Trotz dieser Zweitverwertung der Festival-Logistik ist der bisherige Eintrittspreis von 60 Euro – für immerhin vier Festivaltage mit über vierzig Bands – im nächsten Jahr nicht mehr zu halten. »Wir haben ja auch keine Sponsoren, weil das den Charakter des Festivals kaputt machen würde.« Und als ich von Kulturförderung anfangen will, winkt er lachend ab. »Das ist ja gerade das Schöne. Wir kommen vom Land, wir sind ein paar Jungs aus der Pampa und sind völlig unabhängig. Es gibt keine Agentur, der wir verpflichtet sind, wir bekommen keinen öffentlichen Gelder, also können wir hier wirklich tun und lassen, was wir wollen, und das ist natürlich auch ein Wert, so unabhängig zu sein bei der Größe.«

Mehrfach ist in unserem Gespräch vom »Charakter des Festivals« die Rede, der den Verantwortlichen heilig ist und insofern unbedingt gewahrt bleiben soll – dem man sich aber nur annähern kann, weil er von so vielen kleinen Faktoren bestimmt wird. Das fängt bei den Ordnern an. »Man darf es eigentlich nicht öffentlich sagen, aber wir haben hier nur vier Security-Mitarbeiter, das reicht vollkommen aus.« Und dazu gehört auch das zurückhaltende Auftreten der Polizei. »Die wissen, dass wir hier kein Kokain, Speed oder dergleichen haben wollen, die ganze Goa-Szene ist uns ein Graus. Wenn einer von uns mitkriegt, dass da jemand Pillen und Pülverchen oder so etwas verkauft, dann sagen wir der Polizei Bescheid, und dann kommen die und stellen sich einfach nur zwanzig Minuten vor den Stand, und das spricht sich dann sehr schnell herum, und der kann dann einräumen, da kommt sowieso keiner mehr hin. Außerdem haben wir keine Krawalle auf dem Gelände, und das honoriert die Polizei dann auch. Ich finde es immer sympathisch, wenn die in voller Montur über das Gelände laufen, damit man sie schon von weitem erkennt. Dass die präsent sein müssen, gerade im Roland-Koch-Land, ist ja klar. Ich meine, die haben im letzten Jahr 30 Gramm Haschisch sichergestellt, weil man eben irgendwas finden muss, aber so richtig streng sind die Kontrollen nicht. Es gibt hier auch einige, die Wochen vorher schon mal kurz hierher kommen, etwas im Wald vergraben und dann später beim Beginn des Festivals ganz entspannt durch die Polizeikontrollen fahren.«

Es ist wohl das moderat Anarchohafte, die kalkulierte Einschränkung von Ordnung, Kontrolle, Hierarchie, die alte Hippie-Konzilianz also, die den Herzberg-Spirit vornehmlich ausmacht. So gibt es denn auch kein definiertes Festivalende am Sonntag. »Wenn die sich hier den Kopp zuhauen und dann anderntags nach Bremen fahren, das sind ja Bomben. Deshalb geben wir denen die Möglichkeit, noch einen Tag länger zu bleiben und auszunüchtern. Aber das überstrapazieren dann auch einige.« Er gibt seiner Stimme eine leichte Schlagseite. ›I bin nonnich nüchtan.‹ Am Mittwoch danach müssen die aber mal so langsam verschwinden, wir müssen ja jede Kippe, jeden Kronkorken, wir müssen wirklich alles aufheben, denn danach kommen die Pferde wieder drauf. Und vier Wochen später sieht die Wiese wieder so aus, als hätte hier nie etwas stattgefunden. Das ist erstaunlich, wie schnell sich die Natur hier wieder erholt, wenn man das nur einmal im Jahr macht.« Die ganze große Sauerei bleibt dann auch aus, weil die meisten der Besucher schon so etwas wie ein ökologisches Bewusstsein mitbringen.

Und noch etwas macht Herzberg so außergewöhnlich, und darauf ist Lorz besonders stolz. »Wir sind ja eins der wenigen Festivals, auf dem diese Jungfamilien sehr willkommen sind. Das ist mein ideales Publikum. Er hat noch einen richtigen Plattenspieler und kauft hier ein paar Vinyl-Platten ein, hört sich mit seiner Frau Musik an, und ihre Kinder spielen derweil im Kinderland. Das ist natürlich teuer, das ist ein weiterer Top Act, denn da sind immerhin 33 Mitarbeiter mehrere Tage beschäftigt.«

All das schlägt sich naturgemäß auch auf die Altersstruktur der Besucher nieder. Die sind entweder ganz jung oder bereits einigermaßen gesettled. Die Kids, die poprelevanten Jugendlichen zwischen 15 und 25 fehlen hier fast völlig. »Die trinken offenbar lieber ein mexikanisches Bier in einer Lounge Bar oder fahren gleich zu Rock am Ring.« Das Festival leidet insofern schon etwas an einer schleichenden Gerontisierung. Lorz führt als Ursache dafür die quasi-prähistorische Öffentlichkeitsarbeit ins Feld. »Unsere Hauptwerbung ist eine handgeschriebene Postkarte, die wir Anfang September verschicken und auf der wir ankündigen, dass jetzt der Vorverkauf beginnt.« So erreicht man immerhin 3500 Stammkunden, die als Multiplikatoren die restlichen Gäste anlocken. »Ich nenne das die Überlegenheit des persönlichen Elements.«

Die Überalterung ist aber wohl auch eine Folge des klar abgesteckten Programms, das ausschließlich die Musik der Endsechziger und Siebziger bzw. deren aktuelle Adaptionen und Derivate featuret, also vornehmlich Psychedelic-, Space-,

Kraut- und Progrock, gelegentlich aufgelockert durch Folk, Blues und frühen Hardrock. Also wenn nicht gerade altgediente Bands auftreten – in diesem Jahr etwa The Petards, Birth Control, Ton Steine Scherben Family, Bröselmaschine, Grobschnitt, Louisiana Red, Focus, Steve Harley & Cockney Rebel und einmal mehr Guru Guru –, dann hört man hier doch zumindest Musik von vorgestern. Auch wenn Lorz und seine Kollegen drei Kreuze schlagen bei dem Wort »Oldie-Festival«, so ganz können auch die diesjährigen Headliner The Waterboys und Motorpsycho diese Assoziation nicht vergessen machen.

»Die Leute wollen die alten Sachen hören«, räumt Lorz dann auch ein. »Mani Neumeier«, der Schlagzeuger von Guru Guru, »ist am Kotzen, weil er immer den ›Elektrolurch‹ spielen muss. Aber so ist das nun mal – Birth Control leben von ›Gamma Ray‹.«

Die musikalischen Präferenzen des Publikums spiegeln sich naturgemäß auch im Angebot des Herzberg-Labels wider. »Was da läuft, das ist vor allem die Psychedelic-Schiene, also Hidria Spacefolk, Quantum Fantay, Hawkwind und solche Sachen. Aber auch die neue Bröselmaschine verkauft sich sehr gut.« So richtig rechnet sich der Verlag jedoch nicht. »Das ist mehr eine Unterabteilung der Herzberg Promotion«, die sich aber schon bewährt hat. Als das Festival 2003 ausfiel, »weil jemand in die eigene Tasche gewirtschaft hat anstatt die Rechnungen zu bezahlen, und deshalb aus dem Management entfernt werden musste, haben wir 2004 wieder bei 3.500 Besuchern angefangen. Aber weil ich mit dem Verlag kontinuierlich Werbung machen konnte, waren wir dann ratzfatz wieder bei 10.000.« Und mehr Karten sollen ohnehin nicht verkauft werden, weil das die »familiäre Atmosphäre« zerstören würde.

Das Label ist offenbar Lorz' Steckenpferd, darauf angesprochen, redet er sich warm. »Die Konzerte werden alle auf 48 Spuren digital mitgeschnitten. Danach sitze ich zu Hause, höre mir alles an, was ich verpasst habe, und mache mir erstmal einen schönen Mix. Cubase ist ja mein liebstes Computerspiel. Die Tonqualität der Live-Alben, die ich da veröffentliche, ist aber auch sehr gut. Eine Colosseum-Aufnahme zum Beispiel habe ich von Joachim Irmler von Faust mischen lassen, das war ein echter Spaß. Ich habe dem John Hiseman den Mix rübergeschickt, und da kam sofort der Telefonanruf: ›We are not a Heavy Metal group.‹ Und ich habe dann gesagt, Irmler würde sie schon seit Jahrzehnten kennen, und er war der Meinung, dass sie kraftvoller sind denn je, und das wollte er auch zum Ausdruck bringen. ›Aber doch nicht sooo!‹ Das macht mir einfach Spaß, auch wenn sich das nicht unbedingt rentiert, weil Irmler auch nicht billig ist, aber es sind eben super Aufnahmen. Kraan hat er auch gemischt, und das ist mal ein Kraan-Mix, den man sonst nicht hört. Helmut Hattler will ja schon immer eher das Weiche haben, während Irmler dann im Grunde ohne irgendeinen Effekt die Instrumente abmischt.«

Und dann erzählt er mir noch etwas internen Klatsch – etwa über Mike Scott, den Kopf der Waterboys. »Das ist die größte Diva, die wir hier haben. Extremste Vorgaben, wann, was, wie zu sein oder zu laufen hat. Und dann wollte er auch noch ein beheiztes Zelt. Sogar Chris Farlowe hat sich schließlich damit abgefunden, dass wir hier keine air condition haben. Aber eine Heizung wollte noch keiner.« Wie? Dann schlafen die hier vor Ort im Zelt? »Nein, pennen müssen die hier nicht. Die haben natürlich ein Hotel. Es geht nur um die paar Stunden vor und nach dem Auftritt. Gerade die schwierigen Kandidaten fahren wir gerne bald wieder nach Fulda ins Hotel, damit die hier auch wirklich weg sind. Gut, wenn die das erste Mal zu uns kommen, schlucken viele über unsere eingeschränkten Möglichkeiten, Manfred Mann zum Beispiel oder auch Uriah Heep im letzten Jahr, aber dann tauen die relativ schnell auf. Das ist auch schön zu sehen, dann fühlen die sich hier auf einmal pudelwohl. Die haben eben auch nicht jeden Tag so ein Publikum, das ihre Musikalität auch mal entsprechend würdigt, vor dem sie nicht nur ihre Hits auspacken müssen.«

Louisiana Red, 76 Jahre alter Südstaaten-Blueser im weißen Leinenanzug, hat es sich auf seinem Hocker bequem gemacht, greift zur aufpolierten weißen Telecaster und spielt anderthalb Stunden tiefschwarzen Blues'n'Boogie. Es ist Mittag, und noch scheint die Sonne. Die Sympathien wehen ihn an, obwohl er beim »Louisiana Boogie« voll aus dem Takt kommt, bei den höheren Lautstärken ein bisschen die Kontrolle über den Sound verliert und seine Improvisationen mitunter leicht fahrig wirken. Später sieht man ihn mit zitternden Händen neben der Bühne Autogramme verteilen. Aber er hat trotzdem immer wieder seine Momente, etwa wenn er nach einer coolen Phrasierung überrascht »Hey, what's that?« ruft und sie noch einmal wiederholt, und dann nochmal, weil er sie selbst so gut findet. Und so eine Stimme gibt es sowieso nur da unten im Süden. Der kann auch sein Alter nichts anhaben.

Vermutlich waren Focus auch mit Jan Akkerman an der Gitarre live nicht wesentlich suggestiver, denn die neue Besetzung – nur Thjis van Leer an Orgel und Flöte ist noch übrig – bringt die melodiösen Jazz-Rock-Instrumentals konzis und straight über die Rampe. Spaß scheint es ihnen auch zu machen. Es ist vermutlich das Genre selbst, das auf der Bühne nicht mehr richtig zünden will, aber »Hocus Pocus« kann man immer noch hören. Hypnos69 sind viel esoterischer, und trotzdem: hier auf einmal funktioniert es. Diese drei jungen Typen spielen einen sehr improvisationssicheren, inspirierten, energetischen Stoner Rock mit gelegentlichen Jazz-Inklinationen, der ungeachtet seiner ausgedehnten Exkurse nicht in die Summe seiner Teile zerfällt. Der simple, gut geschmierte Pub Rock von Steve Harley & Cockney Rebel wirkt dagegen fast unlauter kommerziell, aber als Kontrast zum inflationären psychedelischen Gewese hier vor Ort hört man ihm gern zu, auch wenn er ein übler Choleriker zu sein scheint und Monitormixer, Lead-Gitarristen, Gott und die Welt beschimpft.

Dann regnet es sich langsam ein, wir laufen zurück zum Zelt und rücken unserer Dosenbierreserve zu Leibe. Blitz und Donner erschrecken die Konfirmandenfreizeit nebenan. Kollege Behlert erzählt Schauergeschichten von seinem letzten Ostsee-Urlaub: »Überall Bäume um ihn herum, aber der Blitz schlägt ausgerechnet in seinen Regenschirm ein, ich stand mindestens 200 Meter entfernt, und sogar mich hat er noch von den Beinen geholt ...« Und The Waterboys zögern ihren Soundcheck so lange hinaus – angeblich hat man zwei Kisten mit wichtigem Equipment im Flugzeug stehen lassen –, bis auch wirklich alle Wolken abgeregnet sind, um nicht vor halbleeren Rängen spielen zu müssen. Schnell füllt sich jetzt die Wiese, und als eine weitere dreiviertel Stunde nichts passiert, scheint für einen Moment die Stimmung zu kippen, so dass der Conferencier sich einschalten muss: »Hey, kommt, jetzt seid nicht sauer, ist doch alles gut, der Regen hat aufgehört und gleich spielen die Waterboys ...« Und als sie schließlich auf die Bühne kommen, ist wirklich alles gut. Als hätte Mike Scott einen geheimen Schalter umgelegt, verwandelt sich schon nach dem Opener das lautstarke Ressentiment in noch lautere Enthusiasmiertheit. Es wird ein kompakter, verviger, zupackender, streckenweise fast schon harter Auftritt. Scott quengelt und nölt wie Bob Dylan, aber anders als der kann er sogar ganz passabel Gitarre spielen und gibt einen ganz guten Sparringspartner ab für den filigranen E-Violinisten.

Dann kommen noch Motorpsycho, und die klingen wie die frühen Black Sabbath, nur verfrickelter und auf diversen Pulsbeschleunigern. Zu Beginn haben sie leichte Probleme mit ihrer infernalischen Lautstärke, aber beim zweiten Song sind sie voll da, machen Druck, pappen den Klangraum vollständig mit Verzerrung zu, ziehen dem geschätzten Hippie-Auditorium eine robuste, handgeschmiedete Brechstange über die Weichbirne, die ihm jede Lust auf den einschlägigen Ausdruckstanz nimmt und sie nur noch stumpf mit dem Kopf nicken lässt wie nur je ein dummer Headbanger. So muss ein Festival-Tag zu Ende gehen.

»Mit der freien Liebe ist das ja nicht so doll hier«, sagt mein Freund Jo und bricht deshalb am frühen Nachmittag des zweiten Tages auf, um sich ein »Love-in« zu suchen. Unser Gelächter folgt ihm noch lange. Aber als wir dann die nächsten Stunden nichts mehr von ihm hören, er weder zum verabredete Grillen erscheint noch telefonisch zu erreichen ist und sogar beim einsetzenden Gewitter nicht zum Zelt zurückkehrt, gibt es schon ein paar Spekulationen über seinen Verbleib. Im Vollrausch habe er nicht mehr den Weg zurück ins Zelt gefunden, gibt er anderntags zu Protokoll. Er sei völlig durchgeregnet und offenbar so traurig-derangiert herumgetorkelt, dass sich schließlich »Sibylle aus Northeim« seiner erbarmt habe. Die habe ihn mit ins Zelt genommen, ihm warme Kleidung, zu essen, zu trinken, zu kiffen gegeben. »Und danach hat sie mich noch richtig durchgetröstet.« Er wisse ja nicht, wie es uns gehe, aber »ich fahre hier nächstes Jahr wieder her«.

LICHTMASCHINE

Der Mittelsmann bestellt mich ins Hotel »Reichshof« gleich neben dem Hamburger Schauspielhaus, wo PeterLicht heute seine Bonsai-Deutschlandtour beginnt. Sechs Termine in drei Monaten. Da ist noch Luft. »Wir sind eben erst angekommen, am besten du setzt dich ins Foyer, PeterLicht kommt dann runter.« »Und wie erkenne ich ihn?« Die Frage ist berechtigt, denn der Künstler ist ein Schemen. Er hat es bisher stets vermieden bzw. rigide untersagt, sein Konterfei ablichten zu lassen, und bis zum Erscheinen des dritten, allenthalben gefeierten Albums »Lieder vom Ende des Kapitalismus« und dem gleichzeitig publizierten Buch zur Platte »Wir werden siegen« hat er auch keine Konzerte oder Lesungen gegeben. Aber der Mittelsmann beruhigt mich gleich. »Ihr könnt euch gar nicht verfehlen, ihr seid die einzigen unter Sechzig.« Und da hat er recht.

Aus dem Aufzug kommt ein pueriler, schmalschultriger, mittelgroßer Mann mit blondem, auch schon nicht mehr ganz vollem Haupthaar und einer eckigen Hornbrille, nicht die Streber-, sondern die Pop-Intellektuellen-Ausführung. Sieht so aus, als hätte er was dazubezahlt. Wir gehen in den Restaurationsbereich weiter hinten, weil er nach der fünfstündigen Fahrt von Köln hierher ein bisschen Hunger hat. Auf einer Stelltafel preist sich ein »Business-Lunch« an, und er grinst spöttisch. »Na, Business sind wir ja.« Aber leider ist es jetzt 17 Uhr, und im Business speist man ab 15 Uhr nicht mehr zu Mittag, also weicht er aus auf den »Hols-teinischen Eintopf« und einen Kamillentee. Als ich ihn anspreche auf die korrekte Aussprache des scharfen ›s‹ und frage, ob er ursprünglich von hier oben komme, windet er sich unbehaglich lächelnd. Nein, in Köln geboren sei er nicht, räumt er ein, mehr private

Details will er offenbar nicht verraten. Während des ganzen einstündigen Gesprächs, in dem es dann ausschließlich ums literarische und musikalische Werk geht, verliert er diese Scheu nicht ganz. Er bricht seine Sätze bisweilen mittendrin ab mit einem schulterzuckenden »ja«, als müsse er sich ermahnen, nicht zu viel preiszugeben. Und man merkt ihm auch an, dass ihm die phrasengestützte Dampfplauderei des »Business« ganz und gar nicht zu Gebote steht. Er hört sich selber zu beim Sprechen und reflektiert das Gesagte gleich wieder, nimmt es teilweise zurück, formuliert neu, verbessert.

Wir reden zunächst über seinen spektakulären Auftritt beim diesjährigen Bachmann-Preislesen in Klagenfurt, wo er mit seiner komischen, sprachspielerischen Alltags-Apokalypse »Die Geschichte meiner Einschätzung am Anfang des dritten Jahrtausends« gleich zwei Preise, den 3sat- und Publikumspreis, kassierte und dem live sendenden österreichischen Fernsehen immerhin erlaubte, seinen genialisch-feurigen Hinterkopf zu filmen. PeterLichts Beitrag ist ein die Klagenfurter Vortragsbedingungen klug kalkulierender, pointenreicher Hörtext, der auf dem Papier längst nicht so viel hermacht, aber fünf der sieben Juroren jubeln ließ – und die anderen beiden wollten offenbar keine Spielverderber sein. Er ist dann auch zufrieden mit dem Einspielergebnis. »Doch doch, das war schon gut. Ich hätte eher damit gerechnet, dass es einen auf die Krawatte gibt, gab es dann ja auch einen Tag später«, als sich die beiden weniger beeindruckten Jury-Mitglieder doch noch zu Wort meldeten. »Aber ich war auch überrascht, wieviel gelacht wurde. Zumal die ganze Veranstaltung ja eher so einen ernsthaften Charakter hat.«

Juror Klaus Nüchtern sprach dann auch gleich von »Jazz im Helge Schneiderschen Sinne«, den man hier zu hören bekommen habe, aber das kann falscher gar nicht sein. Während Schneider die Komik erlöst von ihren weltlichen Pflichten und zum Selbstzweck macht, stellt PeterLicht sie ja weiterhin in den Dienst der guten antikapitalistischen Sache. Wenn auch in seinen Songs noch konkreter und eindeutiger als in seinen surrealen, grotesken und – wenn man schon Vergleichsgrößen braucht – eher an Eugen Egner, Boris Vian oder Richard Brautigan erinnernden Prosaskizzen.

Entsprechend hat man die »Lieder vom Ende des Kapitalismus«, diese suggestive, leichthändige, luftige Melange aus Elektropop, Schlager und Liedermacher-Folk, mit gutem Recht in die Diskurspop-Tradition von »Monarchie und Alltag« und »Ich-Maschine« eingereiht. PeterLicht spielt ja auch mit Agit-Prop-Slogans, aber er bricht ihre glatte Funktionalität und Vereinnahmbarkeit dann auch wieder, indem er Kontexte metaphorisch verrätselt und die Parolen ironisch anschrägt. Aber von Ironie will er nichts wissen. »Ich kann nicht sehen, wie das ironisch sein soll. Das ist eher der Versuch, mal ganz stumpf zu sagen, was hier eigentlich abgeht. Das ist ein holzschnittartiger Zugriff auf die Dinge, und der kann meinetwegen ironische Wirkung haben. Aber damit wird nichts zurückgenommen. Ich meine das schon so, wie ich das sage. Da steckt mein Herzblut drin.«

Und trotzdem muss man lachen. Vielleicht aufgrund des gebetsmühlenhaften Dauerfeuers (»Wir werden siegen«), vielleicht auch wegen der scheinbaren Naivität seiner Prognosen und Postulate (»jetzt isser endlich vorbei«) changiert die Botschaft ständig zwischen Ernst und Unernst. »Aber so empfinde ich auch das Leben. Davon handelt im Grunde auch der ganze Klagenfurt-Text. Es ist für mich enorm schwer zu beschreiben, was fühle ich hier eigentlich – oder was ist die Wahrheit. Ich finde es unmöglich, eine Aussage zu treffen wie ›Der Kapitalismus ist scheiße‹. Der Kapitalismus nährt mich ja auch, und er macht mich zugleich ganz fertig. Dieses Spannungsverhältnis ist die ganze Zeit da.«

Nährt er ihn wenigstens gut? Oder ist seine kreative Diversifikation in Richtung Theater und Literatur auch der Tatsache geschuldet, dass er, wie das bedürftige Ich seiner Klagenfurt-Geschichte, »im Minusgeld geschwommen« ist? »Die Situation ist doch jedem klar. Man geht ja bei den verkauften und gebrannten CDs von einem Verhältnis von eins zu zehn aus. Und wenn man dann noch wie ich eine ziemlich brennaffine Zielgruppe hat ... Das ist ein ziemliches Gewurschtel. Man muss jetzt extrem darauf achten, wie man produziert, dass alles superkostengünstig ist. Aber auch grundsätzlich, dass Musik auf einmal so ein frei flottierendes Allgemeingut ist, das kann ich nicht so ganz nachvollziehen. Ich finde es gut, wenn man eine Sache macht, und dafür wird man bezahlt, und man wird nur genau für diese Sache bezahlt. Das ist ein klares und faires Geben und Nehmen, und wenn sich das auflöst, finde ich das schwierig. Wenn ein Musiker wie Peter Gabriel, den ich sehr schätze, seine Platten anbietet mit Werbespots drauf, dann ist das einfach inadäquat.«

Jetzt drängt er höflich zum Aufbruch, es wird Zeit für den Soundcheck. – Drei Stunden später, pünktlich um 8, steht er auf der Bühne des ziemlich ausverkauften Schauspielhauses, liest eine kurze Passage aus dem Klagenfurt-Manuskript, um dann mit seiner kleinen Begleitband den schwerelosen Pop-Preziosen vor allem seines letzten Albums Erdung zu verleihen. Das esoterische Piano hat auf einmal einen Körper, der aufgeraute Bass drückt sich polternd nach vorn, und das Schlagzeug lässt die Muskeln spielen. Dass es nur aus einem kleinem Becken, einer sehr kleinen Bass Drum und zwei Apfelsinenkartons besteht, zur Soundarrondierung hat man der Snare-Pappe noch eine leere Plastikwasserflasche gut sichtbar oben darauf getapet, tut nichts zur Sache. Der Mann dahinter hat Verve. »Wir werden siegen« und »Gerader Weg« sind live auf einmal heißblütige Rock'n'Roller. PeterLicht tanzt dazu – wenn er nicht gerade eine durchaus saubere Akustikgitarre spielt –, ein bisschen unbeholfen und statisch zwar, aber ausgelassen. Er gefällt sich hier in einem fröhlich-anarchischen

Dilettantismus, verhaspelt sich gern, vergisst immer mal wieder eine Zeile und lacht dabei (»Nein, das ist mir ja noch nie passiert!«), und das Publikum lacht gerne mit. Egal, die Band dreht einfach noch eine Extrarunde und holt ihn wieder zurück ins Boot. Dann liest er wieder ein Stück, verteilt Textblätter für den Mitsingteil und setzt sich an die Sitar. Es herrscht eine Atmosphäre zwischen weihnachtlichem Kirchgang, Studentenvollversammlung und Woodstock. PeterLicht spielt Zugaben, bis er keine Songs mehr hat, und man fragt sich die ganze Zeit, wohin eigentlich seine Scheu vor der Öffentlichkeit diffundiert ist. »Es gibt einen geraden Weg«!

SCHWIERIGKEITEN BEIM HÖREN SCHWARZER MUSIK

Es kam nicht oft vor, aber es kam vor, dass sich in eine unserer bevorzugten Land-Rock-Discos, die Jolly Joker, Panopticum, Moorkater oder gleich Schlucklum in Lucklum hießen und ihren Standortnachteil also nicht mal im Namen verbergen konnten, ein schwarzer Mann, noch seltener: eine schwarze Frau verirrte. Und es gab immer einen Maurer am Nebentisch, den das Klinkern im Akkord unter der tiefstehenden norddeutschen Sonne oder das Dutzend Herrengedecke danach stumpf im Schädel hatte werden lassen. »Hier Näscha, Bänänsche!«

Mit Maurern legte man sich besser nicht an, schon gar nicht als lebensuntüchtiger Gymnasiast, das wussten wir, hätten es aber nur zu gern getan. Denn wenn es einen Vorteil hat, den wichtigsten Teil seiner Sozialisation in den späten Siebzigern und Achtzigern hinter sich gebracht zu haben, dann den, von Ex-Revoluzzern, Apo-Sympathisanten und Institutionenmarschierern im Schuldienst einen entschiedenen Anti-Chauvinismus und Anti-Rassismus eingebläut bekommen zu haben: Übrigens noch etwas, das in dem wohlfeilen, redundanten 68er-Bashing von Götz Aly et alii naturgemäß keine Rolle spielt. An diesen menschenfreundlichen Axiomen musste man sich nicht erst selbst abarbeiten, die bekam man gewissermaßen gratis, das waren die Basics, hinter die man nicht mehr zurückkonnte.

Kurzum, ich hatte ein positives Vorurteil. So wie man beim Fußballgucken über sich selbst peinlich berührt war, weil man im Stillen den Endsieg der deutschen Nationalmannschaft herbeisehnte – das ist nur die andere Seite der Medaille –, so gab man sich betont kosmopolitisch, wenn der Schwarze an der Bar neben einem stand, verkrampfte nachgerade dabei, ihm nicht den Eindruck zu vermitteln, man sei einer von denen, die Ressentiments gegen seine Hautfarbe hegten.

Ein positives Vorurteil ist besser als ein negatives, aber es bleibt eben immer noch ein Vorurteil – und ist also auch immer noch im Kern rassistisch –, weil es den individuellen Anderen immer nur als Teil des Kollektivs wahrnimmt. Man räumt ihm nicht die volle Gleichberechtigung ein, denn dazu gehört nun einmal, dass man ihn seiner individuellen Eigenschaften wegen mögen oder auch nicht mögen darf.

Mein Verhältnis zu schwarzer Musik – und wie ich vermute, nicht nur meins – war ähnlich unlocker. Einerseits zwar fraglos positiv konnotiert, aber andererseits auch kontaminiert von einer gewissen Befangenheit.

Alles kein Problem, solange das, was einem an die Ohren drang, dem eigenen Gusto halbwegs gemäß war. An den Soul-Altvorderen wie den Stax-Ikonen Otis Redding, Isaac Hayes, Wilson Picket, den Motown-Helden Marvin Gaye, den Temptations und Edwin Starr, an Ike & Tina Turner, James Brown, Ray Charles, den Disco-Chanteusen Donna Summer, Ami Stewart und Sister Sledge, an den Funk-Maniacs George Clinton, Kool & The Gang, Prince usw. usw. kam man nicht vorbei, und noch viel weniger an Michael Jackson, weil das nun mal die zeitgenössische Tonspur war, auf der man unweigerlich mitlief, weil man einen größeren Bruder hatte, oder auch weil John Landis in »Blues Brothers« (1980) noch einmal sehr schön und nachvollziehbar auf den Punkt brachte, was schwarze Musik der Prä-Disco-Ära zu bieten hatte. Das nahm ich wahr und hin, das schlug sich jedoch bemerkenswerterweise kaum in meiner Plattensammlung nieder. Nun gut, »Thriller« besaß jeder, und sei es auch nur als Kassettenkopie, für »Purple Rain« und »Sign O' The Times« von Prince, für Hayes' Soundtrack von »Three Tough Guys«, den »Coffy«-Score von Roy Ayers, Living Colours »Vivid«, ein paar »That's Soul«-Sampler muss man sich nicht unbedingt schämen, für die Barry-White-Anthologie schon eher und noch vieles andere, was hier besser unerwähnt bleibt. Aber das ganz Unsortierte und Zufällige in dieser Abteilung demonstriert ja auch, dass man sich hier nicht ganz zuständig fühlte. Immerhin, mindestens drei epiphanische Erlebnisse mit schwarzer Musik haben sich mir eingeprägt und sich dann tatsächlich auch in diversen Tonträgern manifestiert – und man möge jetzt bitte keine exquisiten Raritäten und Avantgarde-Artefakte erwarten, nicht bei meinem Allerweltsgeschmack.

Das erste war ein Konzert von Jimi Hendrix Mitte der 80er Jahre – nämlich auf einer Garagen-Party, die wegen eines Jahrhundert-Julis nach draußen verlegt wurde, die dann irgendwann dem Ende zuging, als der Morgen anbrach und die Vögel zu zwitschern begannen. Die Musik war schon eine Weile aus gewesen, wir hingen in den Seilen, zögerten einfach den Aufbruch immer noch etwas hinaus, um dem Gastgeber dann noch beim Aufräumen zu helfen – und plötzlich, in diese freundlich-pantheistische Weltumarmungs-Stimmung brach ein kontemplatives, in sich selbst versunkenes, nur mit einem Flanging-Effekt aufgeschminktes Fingerpicking, das sich nicht entscheiden zu können schien, ob es ein Riff oder lieber ein Solo werden wollte, das alles in einem war und tatsächlich so klang, als säße der Gitarrist direkt vor einem. »Little Wing«, wurde mir beschieden, als man mich da stehen sah, zum Stillleben mutiert, auf eine geheimnisvolle Weise nostalgisch angerührt, durchglüht von einem anachronistischen Zeitgeist, für den man eigentlich zu spät geboren war. Daran erinnerte ich mich, als ich in einer der vielen Reminiszenzen zum 68er-Geburtstag las, dass man zwar rekonstruieren könne, wie damals argumentiert und gedacht wurde, aber der Spirit, also das, was emotional gelaufen sei, nur in der Musik und zwar vor allem – laut Klaus Theweleit und Günter Amendt – in der von Hendrix erfahrbar sei.

Die zweite Ausgießung des heiligen schwarzen Geistes erfolgte auf einem richtigen Open-Air-Konzert im Göttinger Fußballstadion, ebenfalls tief in den 80er Jahren. Fury in the Slaughterhouse, Status Quo und diverse andere, nicht mehr erinnerliche, jedenfalls schon damals irgendwie B-prominente Acts lieferten ihre Sets ab, über die sich so seliges Vergessen gelegt hat, dass man sich fragen müsste, warum man überhaupt dort war – wenn nicht Mother's Finest den Abend illuminiert, die klobige, ungelenke weiße Masse vor der Bühne in ein rastloses, agiles, gefährlich fauchendes Tier verwandelt hätte. Das, was hier vor sich ging, war schwarze Transsubstantiationskunst. Joyce Kennedy, zwischen lasziver Anmache und Black-Proud-Unnahbarkeit oszillierend, und Glenn Murdoch, der ruchlose Straßenprediger, ließen ihre düstere Seele zu diesem amorphen Wesen überwandern, während Wizards Bass den puren Stoff durch seine Adern pumpte, ein Groove so monströs, als sei das der Herzschlag einer uralten Tiergottheit.

Zum dritten Quasi-Transzendenzerlebnis verhalf mir Quentin Tarantino, der wie immer und so auch bei seiner omnireferenziellen Blaxploitation-Hommage »Jackie Brown« ein untrügliches Gespür beim Casting offenbarte – indem er die beiden fast vergessenen, aber sehr würdigen Ex-B-Movie-Stars Pam Grier und Robert Forster reanimierte – und zugleich auch das absolute Gehör für den Soundtrack. Der ganze Film steckt voller kleiner Entdeckungen und Preziosen im Soul- und Funk-Fach. Und Tarantino winkt hübsch ironisch mit dem Zaunpfahl, wenn er Jackie Brown bei der ersten Begegnung mit ihrem straßenweisen und trotzdem menschenfreundlichen Kautionsvermittler Max Cherry eine Platte auflegen lässt, Cherry bald drauf nachfragt, was er da zu hören bekomme (The Delfonics!), um dann später im Kaufhaus nach dem betreffenden Album zu suchen.

Wirklich überirdisch ist dann jedoch die lange, meditative Schlusssequenz. Jackie Brown hat sie alle überlistet, die Cops, den heimtückischen, über Leichen gehenden Waffenschmuggler Ordell, sie hat ihren Seelenverwandten Max gefragt, ob er sich ihr nicht anschließen und mit den 500.000 Dollar irgendwo neu anfangen wolle, aber der hat einen Job zu tun! Also setzt sie sich in Ordells Mercedes und fährt los. Die Kamera zoomt sich ganz nah heran, saugt sich fest an diesem leicht verträumten, wunderschönen Gesicht – Tarantino hatte sich offensichtlich verliebt darin, wie könnte er nicht? –, und dann legt sich Bobby Womacks mit apart gezügelter Passion gecroonter Soulfunk »Across 110th Street« darum wie eine Aura aus akustischem Blattgold, um diese Ikone endgültig zu sakralisieren. Und irgendwann, die Zeit hat längst aufgehört zu existieren, bewegen sich ihre Lippen zum Chorus und sprechen das pragmatische Glaubensbekenntnis mit: »Across 110th Street/Pimps trying to catch a woman that's weak/Across 110th Street/ Pushers won't let the junkie go free/Across 110th Street/ Woman trying to catch a trick on the street, ooh baby …«

Aber wie gesagt, mein Verhältnis zur schwarzen Musik wurde problematisch, irgendwie unentspannt, wenn sie kaum mehr als ein Achselzucken zeitigte. Beim Delta-Blues etwa. Man ließ sich ja gern von Greil Marcus in »Mystery Train« belehren, dass Robert Johnson »noch immer der emotional hingebungsvollste Bluessänger« sei, der »wie eine ganze Rock'n'Roll-Band« klingen könne, »so satt wie Elvis' erste Combo oder wie die Gruppe, die Bob Dylan für die ›John Wesley Harding‹-Sessions zusammengeholt hatte, und kraftvoller als beide« – man las das gern, allein, es fehlte der Glaube. Es ließ sich nämlich nicht in Einklang bringen mit den eigenen Hörerfahrungen. Ich habe mehrere Anläufe genommen, einfach weil ich es nicht wahrhaben wollte, wie mir diese Musik am Arsch vorbeiging, nicht nur mit Robert Johnson, auch mit Son House, Skip James, Bukka White, Mississppi John Hurt,

Bessie Smith, stets war das ein arg langweiliges Unterfangen. Nur ein paar energetische Muddy Waters-Piecen aus den »Fathers and Sons«-Sessions und einige Aufnahmen von John Lee Hooker hatten Bestand vor meinen Banausenohren, und also log man sich meistens in die eigene Tasche, wenn man mal gefragt wurde.

Fast noch schmerzlicher wurde es dann in den Neunzigern, als sich Rap und HipHop nicht mehr richtig ignorieren ließen. Man zog ja durchaus den Hut vor den Ghettokids, die in einer nicht genug zu würdigenden Zivilisationsleistung die gewalttätig ausgetragenen Bandenrivalitäten umwidmeten in kreative Wettkämpfe und so in relativ kurzer Zeit eine deviante, differenzierte, also mit Breakdance, Graffiti und Rap verschiedene Kunstformen bedienende Subkultur schufen, die dann auch bald ihren Underground-Status verlor und die Jugendkultur im globalen Maßstab infizierte. Und auch wenn man die elegante Handhabung des Binnenreims und so manche metrische Ausgefuchstheit bei Ice-T, Chuck D. oder KRS-One theoretisch zu taxieren wusste, es gab einem nichts. Höchstens zu denken. Denn zur Angst, ein konservativer alter Sack zu sein, den die Musikgeschichte im Begriff war hinter sich zu lassen – was als Popjournalist gleichbedeutend mit dem Antrag auf Frührente war –, gesellte sich die Befürchtung, es existiere eben tatsächlich eine ganz andere afro-amerikanische Kultur, zu der ich als Mitte der 60er Jahre geborenes, mitteleuropäisches Weißbrot mit den dazu gehörigen Sozialisationserfahrungen so recht keinen Zugang hatte. Das durfte nun erst recht nicht sein, denn damit hätte man ja doch wieder einem latenten kulturellen Rassismus das Wort geredet, mit dem man partout nichts zu tun haben wollte. Und so versuchte man also sein intuitives Missfallen nachträglich zu rationalisieren – monierte durchaus zu Recht die emanzipatorischen Defizite im HipHop, das obsolete Virilitätsideal, den penetranten Machismo, die abgeschmackte

Goldkettchenprotzerei. Das alles ist zwar auch gut verkäufliche Imagepflege – so lukrativ deshalb, weil alle, die es nötig haben, hier ihre geschrumpfte Männlichkeit bequem-symbolisch, »ohne all diese Geräte« verlängert bekommen –, aber eben nicht nur. So gibt es zwar mit Queen Latifah, MCLyte, Missy Eliott und Lauryn Hill oder deren deutsche Wiedergängerinnen Aziza-A und Pyranja durchaus ein paar Rapperinnen, aber der HipHop-Alltag kennt Frauen immer noch vor allem als leichtgeschürzte Chicks, die sich scharenweise vor der Riesenbanane in den Staub werfen.

Obschon das alles stimmt, mein fehlendes Rap-Verständnis geht viel tiefer. Mir fehlt offenbar der neurologische Resonanzboden, den diese Musik zum Schwingen bringt, das alles entscheidende Eiweißmolekül an der richtigen Stelle des DNA-Strangs mithin, das die Anklangsnerven entsprechend sensibilisiert hätte. So ziehe ich mich hier gern als akustisch Benachteiligter aus der Affäre. Und allein die Tatsache, dass es genügend Weiße sogar meines Jahrgangs gibt, deren Ohren besser funktionieren, von der Jüngeren gar nicht zu reden, beruhigt mich etwas.

DER JUNGE, DER SEINEN VATER HASSTE

»Ich bin Peter Pan«, unterrichtete Michael Jackson 2003 die Weltöffentlichkeit in einem Interview, das vor allem den Zweck hatte, Martin Bashirs »böser« und »unfairer« Fernsehdokumentation »Living With Michael Jackson« den Wind aus den Segeln zu nehmen. Starinterviewer Bashir hatte sich in den achtmonatigen Dreharbeiten dessen Vertrauen erschlichen, und der sonst doch so scheue Jackson zeigte sich vor laufender Kamera auf einmal erstaunlich mitteilsam – und unbedarft. Er schlafe »gern und regelmäßig« mit Kindern in einem Bett, bekannte er, denn das sei das »Liebevollste, was man tun kann«. Ein »Ignorant«, wer an »Sexuelles« dabei denke! Der Aufschrei der Entrüstung, der notwendig folgen musste, machte die zitierte Erklärung erforderlich. Er sei eben Peter Pan, »der Junge, der nicht erwachsen werden konnte«, auch nur ein Junge also, einer von ihnen – Entwarnung!

Und auch wenn viele dieses Statement als bloße Finte, als halbseidenen Versuch werten wollten, sich von einer wie auch immer gearteten Schuld reinzuwaschen – ob er seine Pädophilie in justitiabler Weise ausgelebt hat oder nicht, wird sich kaum mehr beantworten lassen –, dieser Satz trifft dennoch den Kern seines Selbstverständnisses. Schon das Jackson-Familienanwesen Hayvenhurst, das er 1981 zur Hälfte von seinem Vater kaufte, ließ er zum gewaltigen Kinderparadies ausstaffieren mit Puppen und Tieren und Spielzeugen, Fernsehern und Kinos, bevor er sich schließlich 1988 im kalifornischen Santa Ynez Valley seinen eigenen elf Quadratkilometer großen Vergnügungspark mit zeitweilig 69 Angestellten und sich selbst als Hauptattraktion errichtete. »Neverland«, nach der gleichnamigen »Insel der Glückseligkeit«, auf der Peter Pan residiert. Michael Jackson hat sich auf geradezu morbide Weise identifiziert mit dem Protagonisten aus James Matthew Barries Kinderbuch. Als ihm Jane Fonda eröffnete, sie wolle »Peter Pan« für ihn produzieren, fing er an zu zittern und gestand ihr, alles über ihn gelesen zu haben.

Barries Held ist ein Hybrid-Wesen, eine Art Engel, halb Vogel, halb Mensch, »weder das eine noch das andere«. In vergleichbarer Weise überformte sich Michael Jackson nach seiner Emanzipation von den Jackson Five. Er entledigte sich aller Eindeutigkeiten und klaren Zuschreibungen und erschuf sich selbst neu als geschlechts-, familien-, rasse- und alterslose Märchenfigur, zunächst durch entsprechende Outfits und maskenbildnerische Meisterleistungen, als das alles offenbar nicht mehr ausreichte, mit den Mitteln der kosmetischen Chirurgie.

Schon in den Siebzigern schien er rauszuwollen aus seiner Haut – und der profanen Realität. Als man die Jackson Five zu Helden eines Trickfilms machte, schwärmte Jackson: »Ich fand es klasse, eine Zeichentrickfigur zu sein.« Dahinter steckte wohl doch mehr als die damals von allen Kritikern vermutete Naivität des Künstlers. Wirkte seine Physiognomie nach all den Operationen nicht irgendwann stilisiert und künstlich wie eine Zeichentrickfigur? In der Tat, er war der Peter Pan aus dem gleichnamigen Walt Disney-Animationsfilm. Nur bei der erklärtermaßen zweimal korrigierten Nase scheint er am Urbild, an George Framptons berühmter Bronzestatue vom flötenspielenden Peter Pan in Kensington Gardens, Maß genommen zu haben.

James Matthew Barrie verarbeitet den »Peter Pan«-Stoff erstmals als Nebenstrang in seinem Roman »The Little White Bird«, erweitert ihn und schreibt ihn zum Bühnenstück um und schiebt schließlich auch noch eine Prosafassung hinterher. Es ist nicht nur der sensationelle Erfolg, der Barrie nicht loskommen lässt von der Geschichte, seine Obsession hat vor allem biographische Gründe. Er stellt sich hier seinem eigenen Leiden, das als Peter-Pan-Syndrom mittlerweile auch Eingang in die Psychoanalyse gefunden hat.

Barries Kindheit endete jäh mit sechs Jahren, als sein älterer Bruder beim Rollschuhlaufen tödlich verunglückte. Ein Schock, der die ganze Familie aus der Bahn wirft. Barrie trauert Zeit seines Lebens der ungelebten bzw. nicht voll ausgelebten Kindheit hinterher, kann sich in die Rolle des Erwachsenen nicht fügen, versucht vergeblich, die Zeit zurückzudrehen. »Peter Pan« ist ein Manifest dieser Sehnsucht. »Ich bin von zu Hause weggelaufen, gleich an dem Tag, als ich geboren wurde«, erzählt Peter Pan seiner Freundin Wendy, bevor er sie und ihre beiden Brüder mitnimmt nach Neverland, »weil ich gehört habe, wie sich Vater und Mutter darüber unterhielten, was ich werden sollte, wenn ich groß bin ... Ich möchte nie groß werden ... Ich will immer ein kleiner Junge bleiben und meinen Spaß haben. Deshalb bin ich weggelaufen, in den Park von Kensington Gardens, und habe lange, lange Zeit bei den Feen dort gelebt.«

Michael Jackson wäre wohl ebenfalls gern weggelaufen, jedenfalls im nachhinein. Mit glühenden Ohren wird er die identifikationsheischende Leseransprache des Erzählers vernommen haben. »Wenn du glaubst, dass er das einzige Baby war, das je fliehen wollte, dann hast du vergessen, wie es dir selber ergangen ist, als du klein warst.«

Jackson hatte nichts vergessen. Sein Vater Joseph, dieser brennend ehrgeizige Schinder, der sich später mit den Worten verteidigt haben soll, er habe die Kinder nie geschlagen, immer nur »mit Kabel und Gürtel ausgepeitscht«, drillte ihn mit fünf Jahren zum vollautomatischen Tanzäffchen, überantwortetete ihn dem Showgeschäft mit Haut und Haaren. Von da an hatte Jackson kein normales Leben mehr. Es gab keine Geburtstagsfeiern mit Schulfreunden, kein Weihnachten, er musste für die Familie arbeiten – und war für deren Subsistenz entscheidend verantwortlich, denn er war der Star, das mit Abstand talentierteste Mitglied der Jackson Five. Er tingelte mit seinen Geschwistern durch die billigen Clubs des Chitlin' Circuit, sah, wie seine älteren Brüder reihenweise Groupies flachlegten, und noch andere Dinge, die einen Heranwachsenden nachhaltig prägen. »Ich hatte schon einige Stripper gesehen«, schreibt er in seiner Autobiographie »Moonwalk« über eine Veranstaltung in den frühen Sechzigern, die sich ihm ins Gedächtnis gebrannt hatte, »aber an dem Abend kam eine Frau mit herrlichen Wimpern und langem Haar auf die Bühne und machte ihre Show. Das war echt fantastisch. Als es fast vorbei war, nahm sie plötzlich ihre Perücke ab, holte zwei große Orangen aus ihrem BH und zeigte uns, dass sich unter der ganzen Schminke ein kantiger Kerl verbarg. Ich war ja nur ein Kind und konnte so was überhaupt nicht kapieren. Aber dann sah ich ins Publikum, und die gingen alle richtig mit und klatschten und jubelten wie wild. Da stehe ich also als kleiner Junge am Bühnenrand und sehe diesen irren Kram. Ich war total aus dem Häuschen.«

Noch so ein Mischwesen. Und wieder eins, das die Menschen in Verzückung versetzt. Peter Pan muss ihm als Rollenmodell in zweifacher Hinsicht attraktiv vorgekommen sein. Als ausgeschlafener, genialischer Showmensch hatte Michael Jackson gelernt, dass gewisse Uneindeutigkeiten suggestionsfördernd sein können; eine Adaption der Märchenfigur für das eigene Image schien ihm insofern erfolgversprechend. Und als pathologischer Charakter, der sich um seine Kindheit betrogen fühlt und deshalb in ihr wie in einer Endlosschleife gefangen bleibt, ist Peter Pan für ihn schlicht eine adäquate Identifikationsfigur.

Zumal diese Geschichte immer wieder offensichtliche Parallelen zu seiner eigenen Vita aufweist. Da ist zum Beispiel das Motiv der unzuverlässigen Mutter. Anfangs kehrt Peter Pan immer wieder nach Hause zurück und sieht erfreut und beruhigt durchs offene Fenster, wie seine Mutter um ihn trauert. Irgendwann jedoch ist das Fenster verschlossen, und sie hält ein anderes Kind im Arm. Erst jetzt flieht er endgültig nach Neverland. »Wir gelangen ans Fenster, bleiben aber ausgesperrt. Die Eisenstäbe halten uns für immer davon ab, heimzukehren.« Barrie hatte nicht umsonst zunächst einen anderen Titel vorgesehen: »Der Junge, der seine Mutter hasste«.

Michael Jackson liebte seine Mutter, wie es jedes Kind tut. Aber sie machte sich auch mitschuldig, sie schaffte es nicht, ihn und die anderen vor den übertriebenen Ambitionen und Schleifermethoden des Vaters zu beschützen. »Ich traue niemandem außer Katherine«, schreibt er in »Moonwalk«. »Und selbst bei ihr bin ich mir manchmal nicht sicher.«

Michael Jackson soll der einzige der Jackson Five gewesen sein, der sich gegen den Vater schon frühzeitig aufgelehnt hat. Als Joseph ihn wieder einmal wegen eines Schrittfehlers oder einer anderen Kleinigkeit züchtigen wollte, sei Michael einfach davongelaufen und habe ihn mit Schuhen beworfen, heißt es. Distanziert hat er sich von seinem Vater, sobald er dazu in der Lage war. Dummerweise sah er ihm sehr ähnlich. Margo Jefferson deutet in ihrem grandiossen Essay »Über Michael Jackson« dessen optische und habituelle Veränderung als letzten Akt der Emanzipation. Er inszeniert sich als Gegentyp zum maskulinen schwarzen Pimp Joseph, indem er seine Haut heller und seine Züge androgyner werden lässt. Er kappt, zumindest symbolisch, seine genetische Verbindung. Nichts anderes macht Peter Pan. Er weigert sich erwachsen und dadurch seinem Vater ähnlich zu werden.

Es gibt aber noch eine andere Vaterfigur auf der Insel Neverland, den bösen Captain Hook. »Als Hook im Jahr 1904 zum ersten Mal das Achterdeck überquerte«, schrieb Daphne du Maurier, die Tochter des Hauptdarstellers Gerald später über die Premiere des Stücks, »mussten Kinder schreiend aus dem Saal getragen werden.« Eine Horrorgestalt. Wie Joseph, der sich gelegentlich mit Dämonenmaske verkleidet nachts vors Haus begeben und ans Schlafzimmerfenster geklopft haben soll. Und genauso gewalttätig. Bei einem ersten Zusammentreffen verletzt Captain Hook den Helden, und der glaubt zunächst sterben zu müssen, wird dann aber doch gerettet. Jackson wird diesen Hook wiedererkannt haben – und seine Faszination für den Stoff resultiert vielleicht auch aus dem Umstand, dass im Kinderbuch eine poetische Gerechtigkeit herrscht, die das Leben nicht unbedingt kennt. Im letzten entscheidenden Kampf besiegt Peter den Piratkapitän spielend, schmeißt ihn über Bord, direkt in das Maul eines wartenden Krokodils. Eine klassische ödipale Vernichtungsphantasie.

Auch in den Beziehungen Peter Pans zu den ihm beigesellten Frauenfiguren konnte Michael Jackson sich wiederfinden. Die Fee Tinker Bell, die aus den Fängen Hooks befreite Indianerin Tiger Lily und schließlich Wendy, sie alle begehren den Helden, aber der will sich nicht berühren lassen. Bevor es dazu kommt, macht er immer wieder einen Rückzieher. Jackson kannte diese Angst. Intime Kontakte zu erwachsenen Frauen hat er vermutlich nie gehabt. Seine drei Kinder sind aller Wahrscheinlichkeit nach aus künstlichen Befruchtungen hervorgegangen. Die Ehe mit Lisa Marie Presley war nichts weiter als ein symbolischer bzw. strategischer Akt, den aristokratischen Kalkülen der Machterhaltung und -vermehrung im Mittelalter vergleichbar: der »King of Pop« heiratet die Tochter des »King of Rock'n'Roll«, und fortan herrscht er über beide Königreiche. Die zwei weiteren Ehen schloss er mit seiner Krankenschwester und einem Kindermädchen. Peter Pan überredet Wendy ja, nach Neverland mitzukommen, weil sie so viele Einschlafgeschichten kennt und für ihn und seine Gang, die »Lost Boys«, Muttterersatz spielen soll. Jacksons Frauen sind auch solche Wendy-Typen.

James Matthew Barrie wusste aus eigener Anschauung um die Tragik seines Helden. Am Ende lässt er ihn allein zurück. Wendy und ihre Brüder kehren heim zu ihren Eltern und nehmen die Lost Boys mit, die schließlich von der Familie adoptiert werden. »Es hätte keinen schöneren Anblick auf der Welt geben können, aber niemand sollte es sehen, außer einem merkwürdigen Jungen, der durchs Fenster hineinsah. Er hatte unzählige Abenteuer bestanden, die andere Kinder nie erleben werden, doch jetzt blickte er durch das Fenster auf das eine Glück, von dem er immer ausgeschlossen sein würde.«

Auch Barrie war ein einsamer Mann, der seine Ehe als »entsetzlichen Albtraum« bezeichnete, sich gern in Kensington Gardens aufhielt, um sich mit Kindern anderer Leute abzugeben. Aber er wahrte die Form. Er sublimierte seine seelische Disposition, ließ seine literarische Fantasie erleben, was ihm im Leben verwehrt blieb. Michael Jackson, der sein Leben unter Scheinwerfern zubrachte, war dazu gar nicht in der Lage. Er hatte nur gelernt, Fantasien zu verkörpern, das Ich in der jeweiligen Rolle aufgehen zu lassen. Und die Rolle des Peter Pan war offenbar so zugeschnitten auf seine Person, dass er sie am Ende gar nicht wieder ablegen konnte. Die Kunst mache das Leben »erträglich, manchmal sogar spannend«, schreibt Margo Jefferson. »Aber wenn sie ins Leben zurückschlägt und Fantasie zu biografischer Realität wird, sind wir entsetzt.« Das waren wir!

DER HUCKAUF

Ein Spieleabend. Ich dachte damals, mit dem Ausgang aus der unverschuldeten Unmündigkeit, mit 14, 15 oder so, hätte das barmherzige Schicksal mir eine Blanko-Entschuldigung ausgestellt, die mich von solchem Ungemach für immer befreien würde. Aber dann rief mein Freund Thomas an, und der führte ziemlich lose dieses Wort im Munde, das sich mir wie eine Fleischfliegenmade ins eben noch so aufgeräumte Gemüt fraß.

»Ein *Spieleabend,* hat du ne Macke?«, schrie ich ihn an. Sie hätten sich gedacht, dass ich so reagieren würde und deshalb schon mal bei meiner Freundin vorgefühlt, die würde kommen, und alle anderen auch. Und wenn ich nicht einen Samstagabend allein verbringen wolle oder keine gesteigerte Lust hätte, mich schon wieder mit den anderen sozial Benachteiligten im Hinterzimmer der Videothek meines Vertrauens wiederzufinden, dann könne ich es mir ja nochmal überlegen. »Träum weiter«, sagte ich, rief danach meine Freundin an – und ließ Dampf ab, bis sie auflegte. Ich nahm mir vor, die Beziehung zu beenden, mein Adressbuch um ein paar Seiten auszudünnen, für den Rest der Woche nicht mehr ans Telefon zu gehen und den Samstag mit einem Michaela-Schaffrath-Themenabend zu nobilitieren.

»Hey, Frank, schön, dass du mitgekommen bist«, begrüßte uns Thomas, er hielt die Tür auf, und ich ließ meiner Freundin den Vortritt. Man einigte sich dann auf »Trivial Pursuit«, zwei Teams, Frauen gegen Männer, damit es auch ordentlich rappelte im Karton. Und das tat es dann. Am Ende des Abends musste ich ein Taxi nehmen, weil mich meine Freundin nicht mehr als Beifahrer dulden mochte, das gastgebende Paar fand sich zu einer Diskussionsrunde zusammen, die bis in die frühen Morgenstunden tagte und in der die schon terminierte Hochzeitsfeier noch einmal zur Disposition gestellt wurde, und auch bei den restlichen vier Spielern gab ein Wort das andere – man kennt das alles. Nachdem etwas Gras über die Sache gewachsen war, beschlossen wir, auf eine Wiederholung zu verzichten. Und nach ein paar Monaten konnte man sogar schon darüber lachen und sich darauf einigen, dass vor allem eine Szene diese ungute Drift des Abends eingeleitet hatte.

Thomas war dran, zog eine Karte und las der Damenriege die Frage vor, die wohl so ähnlich gelautet haben muss wie: Welche Stadt wird auch als die »Wiege der Demokratie« bezeichnet?

Hilke, Sozialpädagogikstudentin im fünften Semester damals, heute Leiterin eines Waldorf-Kindergartens, ließ sich ihren Triumph sehr wohl anmerken: Sie strahlte wie ihre Schützlinge, wenn der Kindergarten endlich aus ist und sie wieder nach Hause zu ihren Kampfrobotern dürfen. Und wir ärgerten uns. »Scheiße, zu leicht«, stöhnte Thomas. Aber wir hatten ja nicht bedacht, dass Sozialpädagogik keine exakte Wissenschaft ist.

»Bremen«, rief sie erfreut.

Die Männermannschaft sah sich ungläubig an, schüttelte leicht verwirrt die Köpfe. Auch ihre drei Kombattantinnen blickten bedenklich, zuckten mit den Schultern und zischten durch die Zähne, als werde hier etwas ganz Heikles verhandelt. Man wusste offenbar nicht so recht. Jetzt wurde auch die angehende Pädagogin unsicher. »Oder Hamburg«, rief sie geistesgegenwärtig. »Eins von beiden. Jedenfalls ne Hansestadt.«

Natürlich habe ich mitgelacht, eimerweise Spott ausgekübelt, die hässliche Fratze der Missgunst aufgesetzt, selber Schuld – sozialer Druck hatte mich hierher gebracht und sozialer Druck ließ mich nun auch mitspielen. Dennoch, so recht wohl fühlte ich mich nicht in meiner Haut, denn selbstredend hätte ich es genauso sein können. Oft genug war ich es ja auch gewesen.

Schiller, Huizinga und all die anderen haben nämlich nur teilweise recht, jedenfalls was mich angeht. Im Spiel war ich nie *ganz bei mir*, jedenfalls nicht im kompetitiven Gesellschaftsspiel, in dem es ums »Schlagen« ging, ums »Rausschmeißen«, ums »Einnehmen«, »Wegnehmen«, »Kassieren«, »Abhängen«, ums »Direkt-ins-Gefängnis-begeben«, ohne Los und also auch ohne 4000 Mark. Nicht weil ich besonders rigide moralische Prinzipien gekannt hätte. »Au contraire!« Und auch allfällige ideologische Vorbehalte – dass hier alle doch nur scharf gemacht würden für den sozialdarwinistischen Wettbewerb da draußen, und zugerichtet auch für das kapitalistische System, dessen Gesetze hier schon den Kleinsten fein antrainiert würden – wären mit meinem gesunden Pragmatismus durchaus auszuhalten gewesen. Nein, es war viel existenzieller, mir war körperlich unwohl dabei. Es war die nackte Angst zu versagen, die mich stets beschlich. Mit allen somatischen Symptomen wie Hand- und Fußschweiß, Nervosität, Kurzatmigkeit – na, wir wollen nicht übertreiben.

Die Wettbewerbssituation liegt mir einfach nicht. Denn es stellt sich fast immer ein unangenehmes, dabei höchst merkwürdiges Phänomen ein – eine Art Ich-Spaltung, die Peter Rühmkorf in seinen Tagebüchern mal sehr treffend als »Huckauf« bezeichnet hat. Genau, das ist es, eine lästige Marotte, die einen scheinbar ansatz- und grundlos überfällt, vergleichbar einem Schluckauf. Man nimmt sich Huckepack, blickt sich selbst über die Schulter, und das maliziöse Hintermann-Ich antizipiert dabei in gewisser Weise schon die Niederlage, belauert einen mit einer Mischung aus Häme und Verdrossenheit. Und weil gewisse Regionen des Zerebrums viel zu sehr damit beschäftigt sind, dieses Alter ego zu imaginieren, also nicht alle Teile des Verstandes unmittelbar an einem Strang ziehen können, ist man tatsächlich intellektuell nicht so leistungsfähig, wie man sein könnte, und verliert. Die klassische »Selffullfilling Prophecy«.

Es gibt eine Ur-Situation, die mit dieser Idiosynkrasie etwas zu tun haben könnte, vielleicht gibt es mehrere, aber diese eine fällt mir immer sofort ein, wenn ich darüber nachsinne, warum ich nie Doppelkopf gelernt und die Schach AG nur gewählt habe, um als dreizehnter Mann pausieren und in Ruhe »Sounds« lesen zu können, und möglicherweise sogar lieber dem Religionsunterricht gefolgt bin, als unter der Bank Schiffe zu versenken.

Ein heimeliger Winterabend in der gut geheizten Stube, die vier Mann starke Familie ist vollzählig versammelt um den Tisch und spielt »Mensch ärgere dich nicht«. Es läuft alles recht gut, drei meiner vier roten Kegel stehen schon ziemlich nah am heimischen Koben. Mit meinem nächsten Wurf würde ich den ersten nach Hause würfeln, aber da kommt mein großer Bruder dran und wirft einen Kegel um, begleitet von den erwartbaren verbalen Fiesheiten. Dann mein Vater den nächsten. Gelächter erfüllte auf einmal den Raum. Es war demütigend und ich den Tränen nah. Und dann gab mir meine Mutter den Rest und beförderte auch noch den letzten meiner drei so aussichtsreich stehenden Kegel zurück an den Anfang. Ich verschwand nun schnell, Harndrang vorschützend, aufs Klo und heulte vor Wut und Hass auf meine Familie, die sich gegen mich verschworen hatte. Und es *war* eine Verschwörung, denn jeder von ihnen hätte genauso gut einen anderen rausschmeißen können, es hätte bei allen dreien Alternativen gegeben, gerechtere Züge, aber sie hatten es auf mich abgesehen, sie wollten den, der aus der Reihe getanzt war, wieder auf den ihm gebührenden Platz verweisen. Und als ich dann, halbwegs wiederhergestellt, verkrampft lächelnd, aber vor Ärger immer noch tremolierend, zurückkam und nun auch noch ihr widerliches Feixen und die spöttischen Andeutungen über mich ergehen lassen musste, was ich da denn auf der Toilette so lange gemacht habe, und es sei ja auch gar keine Spülung zu hören gewesen und so weiter, da hätte ich, ich schwöre es, ohne mit der Wimper zu zucken abgedrückt, wenn mir etwas zur Verfügung gestanden hätte, das abzudrücken gewesen wäre. Ich kann mich, wenn ich länger darüber nachdenke, immer noch zurückfühlen in diese emotionale Gemengelage aus Verstörung, Zurückweisung, Enttäuschung, die dann umkippte in eine erschreckend destruktive Bitterkeit. Ich habe unter anderem deshalb auch Herbert Grönemeyers so leichthin gesungene Botschaft »Kinder an die Macht« immer für fulminanten Schwachsinn gehalten.

Und doch weiß ich auch, was Schiller, Huizinga und all die anderen meinen. Denn viel später traf ich mich fast jeden Abend mit ein paar Freunden in dem ungenutzten Partykeller meines Onkels – und da standen ein paar E-Gitarren, ein E-Bass, ein großes schwarzes Drum-Kit, eine alte Orange-Gesangsanlage. Und in diesem ewigwährenden Sommer in das kühle Verließ hinabzusteigen mit ein, zwei Riff-Ideen, speckige Matratzen vor die schmalen Fenster zu stellen, und mit den anderen vier Freunden diese Fragmente innerhalb der nächsten fünf Stunden zu kombinieren, umzuformen, zu verwerfen, doch noch einmal zu probieren, aufzustocken, abzurunden und am nächsten Tag weiterzumachen und am übernächsten auch noch, und wenn es sein musste, die ganze Woche, solange bis wir da etwas Musikalisches hergestellt hatten, das nichts sollte und wollte, außer uns fünf zu gefallen – ja, das war wirklich Spielen, wie man es sich idealer nicht denken kann. Da ging es um nichts mehr, da ging es nur noch um alles, da fielen wir aus der Zeit.

DER BESTE SCHRIFTSTELLER AMERIKAS

Es gibt ja diese Zeiten im Leben eines Ewigpubertierenden wie mir, da fällt man fast vom rechten Glauben ab, da sickert der saure Niederschlag, diese schnell brackig werdende Brühe aus Terrorparanoia, Konjunkturprognostik und Vorwahlkampfgeäffe via Osmose stetig ein in den ohnehin schon ziemlich vollen Gehirnkasten und macht sich dicke, und man glaubt schon fast selber, das sei alles tatsächlich irgendwie von Belang oder gar Bedeutung. Aber dann wird plötzlich und endlich »Psychotic Reactions and Carburetor Dung« von Lester Bangs auf deutsch übersetzt, und das legt eine so gründliche Drainage, dass mit dem Spaß an der großen Party, die einen hier auf 400 Seiten erwartet – mit allen wichtigen Gästen wie Iggy Pop, Lou Reed, Richard Hell, The Clash, Van Morrison und auch ein paar unerwarteten, aber nicht minder sympathischen Stimmungskanonen wie The Troggs oder Count Five –, auch wieder so etwas wie Übersicht herrscht da oben drin und eine gewisse Klarheit, worauf es ankommt. »Vielleicht war ich dichter an der Irrenanstalt, als ich mir je hatte träumen lassen«, schreibt Bangs über sein Teenager-Ich, das sich händeringend, hirnschmalzwalkend darüber klarzuwerden versucht, ob es »Psychotic Reactions« wirklich kaufen soll, also eins jener beiden Alben der Proto-Punks Count Five, aus denen er dann den Buchtitel montiert hat. Er beruhigt sich dann selber mit einer Weisheit, die er damals noch nicht gehabt haben kann: »Auf der anderen Seite, wegen was sonst sollten ich oder einer meiner Altersgenossen schizoid werden, wenn nicht wegen eines lausigen Rock'n'Roll-Albums?« Jedenfalls nicht wegen einer läppischen Weltwirtschaftskrise.

Das klingt ein bisschen altklug oder sogar frühvergreist, jedenfalls wenn man sich klarmacht, dass er noch keine 23 ist, als er diese Zeilen im »Creem«-Magazin drucken lässt, und wenn man außerdem bedenkt, dass es sich bei diesem titelgebenden Essay um einen großangelegten nostalgiebeseelten Abgesang auf die zeitgenössische Popmusik handelt, diese ganze »Soße von mäandernden Minnesängern und Balladen singenden Barden und ähnlicher Scheiße«. Er klingt schon am Anfang seiner Karriere eingestandenermaßen wie ein »übellauniger Kauz«, wie der böse alte »Onkel Scrooge des Pop-Top-Journalismus«. Bangs will die Jahre 65/66 zurück, als alle den brutzelnden Fuzztone-Sound der Yardbirds kopierten und ihn »auf dämliches Verzerrergematsche reduzierten ... ach, das war himmlisch, es war reine Folklore, das gute alte Amerika, und manchmal glaube ich, das waren die besten Zeiten überhaupt.« In denen man eben auch noch darüber singen durfte, »wie man sein Ding an der guten Slit Annie reibt« und nicht unbedingt immer nur darüber, »dass einzig und allein die Liebe die Welt sowohl von Schuppenflechte als auch von Krebs befreien kann ... Und warum gibt es Kriege, frag doch die Kinder, sie wissen alles, wir können von ihnen lernen, und hey, natürlich mag ich Schwarze, auch wenn meine Leute keine Schwarzen mögen«. Auch wenn er sie nicht eigens erwähnt, sie nicht auch noch mit einer Erwähnung ihres Namens adelt, er meint natürlich die Hippies, die es sich hübsch bequem gemacht hatten in ihrem Westcoast-Schmonz mit eingebauter Love'n'Peace-Religion. Und so ist dieser Aufsatz dann doch nicht bloß eine naseweise melancholische Reminiszenz an die gute alte Zeit, sondern auch im Kern bereits ein frühes Punk-Manifest. Wie er in den ersten Jahren als Rockschreiber, also 1969/70/71, wohl überhaupt nur verkappte Punk-Manifeste geschrieben hat. Er nennt sie ja auch schon so, diese mit dreckiger Hingabe Gitarren verprügelnden Flegel. Vermutlich hat er also sogar den Genre-Namen erfunden wie etwa zur gleichen Zeit auch den des konkurrierende Krachmacher-Idioms Heavy Metal.

Bangs nimmt Witterung auf, denn ganz ist diese unflätige, die Kids aufmöbelnde, nach modriger Garage ebenso wie nach feuchtem Laken duftende Tradition ja auch noch nicht eingegangen. Es gibt die Band Alice Cooper, die ihm allerdings musikalisch etwas zu öde, weil konventionell ist; es gibt MC 5, die ihm jedoch mit ihrem ewigen White-Panther-Sympathisantentum etwas zu viel politischen Bohei machen, und es gibt die Stooges, und an denen hat er dann auch fast nichts mehr auszusetzen. Iggy ist ein junkiedürrer, asphaltharter, derb-pragmatischer Hippie-Gegenentwurf, und in seinen blödsinnigen Texten formuliert er endlich wieder das, was ziellose, apathische, drogenerfahrene Vorstadt-Teenager so nachts träumen. Nichts Gutes nämlich. Für Bangs sind die Stooges die Probe aufs Exempel, wie Rock'n'Roll, der unberechenbar, also noch am Leben ist und sich noch nicht in irgendeiner »Geisteshaltung eingerichtet« hat, klingen muss. Offenbar weiß er von Anfang an ziemlich genau, was er will und worin er sich von den anderen Rockjournalisten seiner Zeit kategorisch unterscheidet. Während Leute wie Jon Landau et alii bei der Musik »eine wie auch immer geartete Unzulänglichkeit nicht ertragen« konnten, eine Auffassung, die er durchaus verstanden hat, verhält es sich bei ihm nun allerdings so, dass er »auf bestimmte provozierende Arten von Unzulänglichkeit total abfuhr«. In diesem Satz steckt vermutlich schon die halbe Punk-Ästhetik.

Die andere Hälfte hat Bangs ebenfalls längst intus – die konsequente Haltung des Ironikers. Er nahm kaum etwas so ernst wie Rockmusik und beharrte dennoch immer darauf, man dürfe sie nicht so ernst nehmen – zumindest dann nicht, wenn das auf Kosten »der Party« gehe. Denn Rock'n'Roll sei letztlich nicht mehr als ein »Fehler«, eine »Albernheit«, ein »Witz«, wenn auch »der stärkste, der widerstandsfähigste, der unbesiegbarste Superwitz der Geschichte«. Dass es sich um eine Kunstform handelt, nimmt er achselzuckend zur Kenntnis, ja, was denn sonst? Aber für Gekünstel, edelgewirkte Prätention und Weihrauchabbrennerei hat er ein scharfes Sensorium – und eine noch schärfere Formulierungsgabe, um damit meistens gar nicht mal so kurzen Prozess zu machen. Und auch gegen all jene Versuche, die Musik mit höheren Weihen nobilitieren bzw. domestizieren oder mit einer Weltanschauung auf Linie bringen zu wollen, hat er sich mit aller polemischen Entschiedenheit verwahrt.

Bangs wilde Respektlosigkeiten auch und gerade gegenüber seinen Helden wie etwa Lou Reed, den er verehrt und dem er gerade deshalb keine Dummheit und keinen Imagewandel durchgehen lässt, resultieren daraus. Sie gehorchen letztlich einem zutiefst moralischen, emanzipatorischen, basisdemokratischen Impetus. Er führt seinen Lesern vor, dass man sich von der Superstar-Aura nicht ins Bockshorn jagen lassen soll, dass man ein Recht auf ein eigenes ästhetisches Urteil hat und genauso ein Recht darauf, dies den Künstlern auch mitzuteilen – wenn es sein muss, mit dem nötigen Nachdruck.

Deshalb ist er auch so beeindruckt von jenem Alice Cooper-Konzert, wo dem Frontmann mitten im theatralischen Spektakel aus dem Publikum eine Torte ins Gesicht geworfen wird, oder von dem Bootleg des letzten Stooges-Auftritts vor ihrer Auflösung, »Metallic K.O.«, dem einzigen »Rockalbum, das ich kenne, auf dem man hören kann, wie durch die Luft geschleuderte Bierflaschen gegen Gitarrensaiten krachen«. Solche Künstler gestehen ihrem Publikum eben noch zu, »seine Ansicht über die Show kreativ auszudrücken«. Im Gegensatz dazu hätten die meisten Rockstars »ihr Publikum bereits so eingeschüchtert, dass einem schlecht wird«.

Seine eigene Unerschockenheit im Urteil kostete ihm 1973 nach der soundsovielten Beschwerde einer Plattenfirma die Mitarbeit beim »Rolling Stone«. Jann Wenner brauchte die

Anzeigen. Aber da war Bangs schon fest bestallt als Redaktionsleiter bei »Creem« in Detroit, wo man ihm die entsprechenden Freiheiten ließ, seine Urteilskraft mit maliziösem Nachdruck unter Beweis zu stellen, und ihm auch den anarchistischen Spaß gönnte, sich an der Sprache gehörig auszutoben, einfach zu probieren, wie weit man so gehen durfte. Nur mit diesem maßlosen Spieltrieb konnten aus journalistischen Gebrauchstexten diese oftmals überlangen, pointen- und abschweifungsreichen, zupackenden und bildmächtigen ... – ja, was eigentlich? – Erzählungen, Essays, Meditationen werden, die mit handelsüblichem Musikjournalismus nichts mehr zu tun haben, aber mit Literatur sehr viel. Bangs' Freund und postumer Kompilator Greil Marcus schreibt dazu in seinem Vorwort einen Satz, der viel zu schön ist, als dass man an seinem Wahrheitsgehalt zweifeln sollte: »Vielleicht verlangt dieses Buch dem Leser die Bereitschaft ab zu akzeptieren, dass der beste Schriftsteller Amerikas praktisch nichts außer Plattenkritiken schreiben konnte.«

Bei »Creem« erarbeitete er sich seinen Nimbus. Bangs wurde selbst zu einer Art Star. Und als er der J. Geils Band im Interview mit der ihm eigenen Unbescheidenheit unter die Nase rieb, der einzige Unterschied zwischen ihnen sei eigentlich der, dass man die Musiker bei der Ausübung ihrer künstlerischen Tätigkeit sehen könne, luden sie ihn prompt auf die Bühne ein, wo seine Schreibmaschine mit einem Mikro abgenommen wurde und er dann im Takt der Musik in die Tasten haute. Im Grunde eine schöne Allegorie für den Modus seiner Texte, die sich immer auf Augenhöhe mit dem Rock'n'Roll befinden, die Musik nie zur bloßen Erhebungsmasse einer ausgepichten soziokulturellen Theorie degradieren. »Was schreibt man über Rock?«, zitiert er einen Kritikerkollegen (»der olle Paul Williams ..., als er noch relativ klar im Kopf und talentiert war«). »Alles, was mit dem Wort ›Kontext‹ zu tun hat ...« Und das beherzigt er konsequent, indem er sich selbst beobachtet. Er schildert immer wieder mit ausladender Geste die Begleitumstände des Hörens, geht seinen Phantasien und Assoziationen nach, und macht sich so auch dem Leser als kritische Instanz bekannt, damit dieser selbst einzuschätzen weiß, ob er Bangs ästhetischem Urteil vertrauen kann oder nicht. So beschreibt er etwa in einer fulminanten Eloge der launigen Pubertanden-Band The Troggs zugleich auch die eigenen Pubertätserlebnisse, um erfahrbar zu machen, wie jedem Teenager, der »irgendwo im Vorstadt-Amerika am Arsch war und durchhing ... Selbstvertrauen und Zuversicht eingeimpft« wurde durch diesen »Cock-Rock der Superlative«. Und danach wusste zumindest ich ziemlich genau, dass ich mich mit den Troggs mal näher befassen sollte.

1977 ging Bangs nach New York, um vor allem für »Village Voice«, aber auch diverse andere Zeitungen, Zeitschriften, Fanzines »über praktisch alles zu schreiben«, wie es Greil Marcus ausdrückt. Sein intuitiver, exaltierter und ausschweifender Stil wurde konziser, konzentrierter, auf einmal haute er die Texte nicht nur raus, sondern überarbeitete sie auch noch, schrieb sie um und neu und warf vieles weg. Als Allround-Feuilletonist war er wohl nur gutes Mittelmaß, als Rockschreiber immer noch brillant – wie »Psychotische Reaktionen und heiße Luft« mit einigen Texte etwa über Van Morrison, Tangerine Dream und Iggy Pop beweist. Aber pünktlich zum Dekadenwechsel begann sein Stern langsam zu sinken. Er hatte Geldsorgen, schmierte deshalb zwei Auftragsarbeiten zusammen, schnellfertige, gehaltlose Fanbiographien von Blondie und Rod Stewart. Aber seine eigenen Buchprojekte, etwa der Roman »All My Friends Are Hermits« oder die große Abrechnung mit den Hippies, »Rock Gomorrah«, blieben unfertig bzw. unveröffentlicht. Und der Speedfreak und harte Trinker, von dem die ehemaligen Kollegen sich Legenden erzählen – etwa wie er im Suff unter den Schreibtisch gerutscht ist, selig schlummernd, neben ihm eine leere Flasche Schnaps, und aus den Kopfhörern dröhnt vernehmlich, in Zimmerlautstärke Black Sabbaths »Master Of Reality« –, mutierte zum Abstinenzler, der regelmäßig die Anonymen Alkoholiker frequentierte.

Am Morgen des 30. Aprils 1982 wirft er wegen einer leichten Grippe etwas Valium ein und bringt dann das endlich fertiggestellte Manuskript »Rock Gomorrah« zum Verlag. Anschließend besucht er einen Freund, geht in einen Second-Hand-Plattenladen und besorgt sich »Dare« von The Human League. Ausgerechnet diese Plastik-Popper – was mag er sich dabei gedacht haben? Die Nadel hängt noch in der Auslaufrille des Albums, als ihn eine Freundin am Abend tot auf der Couch liegend findet. Die Autopsie ergab eine Medikamentenunverträglichkeit als Todesursache. Greil Marcus ist sich sicher: »dass er sein System mit plötzlicher Gesundheit schockte, war das, was ihn umbrachte«. Und ich weiß, dass The Human League auch eine gewisse Mitschuld tragen.

KEINE TIEFE OHNE OBERFLÄCHE

Was unterscheidet einen gelungenen Rockroman von einem weniger guten? Es sind zwei Attribute, die so ein Werk notwendig aufweisen muss. Und die sind dann vermutlich nicht nur notwendig, sondern sogar hinreichend, damit er als guter Rockroman durchgehen kann.

Zum einen muss der Autor eine authentische, suggestive, zwingende Sprache finden für das, was er sich akustisch imaginiert – und dies umso mehr, als der Leser eines Romans anders als der Leser einer Musikzeitschrift nicht auf reale Tonkonserven zurückgreifen kann, um sein Hörbild plastischer zu machen, schließlich handelt es sich hier um reine Fiktion.

Zum anderen muss die Musik in irgendeiner Weise ästhetisch integriert sein. Das heißt, sie ist nicht nur Thema des Romans, sondern zugleich auch sein literarisches Mittel, determiniert also den Gehalt genauso wie die Form. Etwa, um es mal an einem Beispiel zu verdeutlichen, wenn ein Song eine verschlüsselte Vorausdeutung für die Handlung selbst enthält, oder, noch abgefeimter, wenn sich in ihm symbolisch bzw. leitmotivisch die Idee des Romans verdichtet.

Diese beiden Parameter angelegt, handelt es sich bei Jonathan Lethems »Du liebst mich, du liebst mich nicht« um ein halbwegs, aber doch nicht ganz gelungenes Exempel des Genres. Lethem hat in der Vergangenheit immer wieder seine profunde Popaffinität unter Beweis gestellt, er hat seine Erzählwelten gern mit popkultureller Staffage geschmückt, zum Beispiel Science-Fiction- und Comic-Szenarios als Setting benutzt, hat Lyrics geschrieben für befreundete Bands und seit einiger Zeit beliefert er den »Rolling Stone« mit ausgreifenden Studioreportagen und Musikerporträts (etwa über James Brown). Insofern war das Buch beinahe erwartbar, jedenfalls hätte man eigentlich davon ausgehen können, dass er sich dem Thema sprachlich gewachsen zeigt. Und so ist es dann leider nicht ganz: »Lucinda griff in die Saiten, produzierte einen Kaltstart des Songs und stellte sich diesmal mit dem Gesicht zu Denise, von der sie die Antwort der Drums einforderte. Denise ging darauf ein, hämmerte den Beat in doppelter Geschwindigkeit. Der Sound war dynamisch, unheimlich, vorsprachlich, Bass und Schlagzeug wie die Rudimente des Lebens selbst, Behauptung und Widerspruch, und jede Interpretation der Figur eine Abfuhr, bis der Notenschwarm erneut einsetzte. Lucinda fühlte sich wild und unversöhnlich. Auch als die Gitarren einsetzten, ließ sie sich nicht besänftigen. Lucindas Ansage hatte sogar Bedwin wachgerüttelt, der gerade mit seiner Leadline zugab, dass der wortlose Song einen melodischen Aufhänger hatte.«

Abgesehen davon, dass in Lethems Illuminationen so recht kein Sound hörbar wird, lesen sie sich geziert, auf eine halbgare, fast verzagte Weise prätentiös. Ein richtiger Leadgitarrist treibt den Solo-Drillbohrer unter dem lauten, von unmenschlicher Pein erfüllten Schreien des Materials immer tiefer in den Granit des Songs ... oder so etwas – aber er gibt doch nicht zu, dass der Song einen melodischen Aufhänger hat. Hat man denn sowas schon gehört?! Ich meine, wenn schon Prätention, dann aber bitte schön mit Rechtsanschlag – »all men play on ten«, wie schon Manowar wussten –, also mit weitaus mehr sprachlicher Amplifikation. Nichts davon bei Lethem. »Denise dagegen schlug unaufhörlich ihr Becken, schwebte über dem Sound der Band. Die Wörter waren beladen mit einer Rechtschaffenheit und Paranoia, die jedem Musiker wie ein Geständnis vorkam. Eine Vertonung, die der Einzelne nicht hätte billigen können, nur das Kollektiv.« Man wünscht sich guten Norman Mailer und bekommt nur schlechten Greil Marcus. So in etwa.

Die narrative Inkorporation der Musik gelingt Lethem dann aber durchaus. Die Songs bedeuten nicht nur etwas für die Protagonisten, sondern auch für den Roman selbst. Das macht er ziemlich virtuos. Die Wendepunkte des Plots werden hier hübsch chiffriert, fast orakelhaft vorweggenommen. Und »Monster Eyes«, das Stück, das der Band, deren Schicksal Lethem hier verfolgt, den Namen gibt, spiegelt im Grunde das analytische, alles zerlegende und damit zerstörerische Prinzip des Teufels Carl Carlton, dem alles, was er anfasst, in die Brüche geht und der so auch die Band auseinanderbringt: »Best thing I ever did for you, was get you out of range of my monster eyes ... Bevor my eyes destroy you, better run, better run ...«

Lucinda, Bassistin der Band, jobbt als Telefonistin bei einer Nörgel-Hotline und verliebt sich in den Stammkunden Carl, eine Art Werber, der sich griffige Slogans ausdenkt und offenbar gut daran verdient. Carls Eloquenz begeistert sie, sie schreibt mit, und als ihrem Songwriter Bedwin die Worte ausgehen, überlässt sie ihm ihre Notizen, und Bedwin macht gute Songs daraus. Der erste Auftritt wird ein Triumph, die Plattenfirmen stehen Schlange, und ein legendärer Radio-DJ, so eine Art John-Peel-Verschnitt, bietet ihnen einen Live-Auftritt in seiner Sendung an. Aber Carl, der Lucinda mittlerweile eine ganze Nacht lang bewiesen hat, dass er nicht nur gut reden, sondern auch machen kann, ist zufällig auch auf dem Konzert und bemerkt ihren Ideendiebstahl. Zum Ausgleich will er in der Band mitspielen, man lässt ihn – und das ist dann das Ende. Der Radio-Auftritt gerät zum Desaster, weil Carl sich um Kopf und Kragen redet. Anschließend verlässt er Lucinda. Die wiederum verführt in ihrem Kummer den schüchternen Nerd Bedwin, meint das aber gar nicht so, woraufhin das kreative Genie, waidwund und tödlich beleidigt, die Band auflöst.

Wie man einem begleitenden Essay Lethems entnehmen kann, der auf deutsch im Juni-Heft der »Literaturen« zu lesen war, will er den Roman auch als so eine Art Plädoyer für die Kunst des Plagiats, des »höheren Abschreibens« verstanden wissen. Nicht »Einflussangst«, sondern »Einfluss-Ekstase« sollten den zeitgenössischen Künstler umtreiben. Nun, das muss man der Hochkultur möglicherweise noch mal hinter die Ohren schreiben, im Rock'n'Roll war das von je her gängige Praxis. Lethem macht sich hier allerdings auf ziemlich durchtriebene Weise lustig über die starke Stellung des Urheberrechts: indem er dafür das mittlerweile auch in der Popkultur, etwa in vielen Musikfilmen, sattsam erprobte Motiv des Teufelspakts variiert. Kurzum, er karikiert die Furcht vor dem Plagiat auf die einzige konsequente Weise – mit einem weiteren Plagiat.

Hier fährt denn auch keiner zur Hölle, im Gegenteil. Der Nörgler Carl will das Böse und schafft doch stets das Gute. Gute Songs nämlich. Und selbst die letztlich von ihm initiierte Auflösung der Band hat eine positive Seite: Lucinda und Matthew, der Sänger, die vorher zueinander nicht kommen konnten, kriegen sich am Ende doch noch.

Der Roman schließt mit einem Bekenntnis zum Pop. Lucinda berührt Matthew und schwärmt von seiner schlanken Gestalt, die in kalkulierter Opposition steht zur faunischen Feistheit Carls. Matthew tut das als »oberflächlich« ab, aber Lucinda zitiert ein letztes Mal den genialischen Sprücheklopfer: »Es gibt keine Tiefe ohne Oberfläche.«

Man könnte das so verstehen, dass erst die auf Hochglanz polierte, gefällige, anmutige Hülle eines Kunstwerks einen genügend starken Affekt beim Betrachter erzeugt, der dafür sorgt, dass er sich wirklich einlässt auf die artifizielle Tiefenstruktur. Da ist ja was dran. Bei Lethems »Du liebst mich, du liebst mich nicht« will man zwar durchaus wissen, was den Roman im Innersten zusammenhält – aber man wird auch den Eindruck nicht los, dass er die Oberfläche ruhig noch etwas länger hätte polieren können.

DAS GROSSE SCHEITERN

Es gibt eine wirklich frappante Anekdote in Paul Trynkas mit nicht immer so frappanten Anekdoten gestopfter, wirklich opulenter Iggy-Pop-Biographie, die so gar nicht zur drahtig-austrainierten, komplett fettfreien Physiognomie seines Helden passen will. Trynka referiert da eine Geschichte von Cub Koda, einem Musiker aus Los Angeles, der damals, 1969, gebannt verfolgt, wie Iggy sich während eines wieder einmal ziemlich aus dem Ruder laufenden Konzerts wundgespielt, blutend, von allen gängigen Drogen um den Verstand gebracht herumwälzt, sich schließlich »aufrichtet und mitten auf die Bühne kotzt«. Er bemerkt Muddy Waters, der als Headliner des Festivals verpflichtet worden ist. »Muddy schaut sich das Treiben ein paar Sekunden lang mit einer Mischung aus Faszination und Ekel an, deutet dann in Richtung der Musiker und brüllt über das Feedback hinweg: ›Gefällt mir überhaupt nicht. Die Typen sollten zusehen, dass sie ihr Ding auf die Reihe kriegen!‹ ›Muddy!‹ erwidert Cub lachend. ›Das *ist* ihr Ding!‹«

Wenn die alte existenzialistische Definition von Punk als artistische Präsentation des totalen Scheiterns tatsächlich mal zutrifft, dann im Falle der prototypischen, das Genre um eine Dekade antizipierenden Stooges. Nicht nur ihre drei kanonischen Alben und ihre Auftritte waren von einer exemplarischen Kaputtheit, auch ihre Art und Weise, jede neue Karrierechance mit dieser unwiderstehlichen Mischung aus jugendlicher Fahrlässigkeit, Provinzdeppentum und drogeninduziertem Irrwitz an die Wand zu fahren, ist schon fast übertrieben mustergültig.

Zumindest bei ihrem Rädelsführer gehört diese Attitüde des Scheiterns mit zur großen Inszenierung. Denn Jim Osterberg, dem eloquenten, charmanten, gebildeten und dabei auch noch blendend aussehenden Bildungsbürgersöhnchen aus Ann Arbor, sagen die Lehrer eine glänzende Zukunft als Anwalt oder Politiker voraus. Aber dann dringt der Rock der frühen Jahre an sein Ohr, Duane Eddy, Chuck Berry, Bo Diddley, und mit dem gleichen beinahe pathologischen Ehrgeiz, mit dem er Mitglied des Debattierclubs geworden ist, wirft er sich in die Pose des Rock'n'Roll-Outlaws. Aus Jim wird Iggy. Und er schart ein paar wirkliche hoffnungslose Fälle um sich, Plebejer, Randständige, die das tatsächlich repräsentieren, was er für sich bloß in Anspruch nimmt. Die Stooges sind stumpf, brachial, primitiv, sie reduzieren den Rock'n'Roll auf das Elementare – und im Nachhinein lässt sich das sehr schön als Gegenentwurf zu den psychedelisch-arabesken Etüden der Hippies interpretieren, zumal Iggys wütende, defätistische, ennuyante Lyrics auch mit dem gerade angesagten »Love & Peace«-Konsens brechen. Dass hier überlegenes ästhetisches Kalkül im Spiel war, glauben aber wohl nur Trynka und die nach all den Jahren von der Musikhistorie rehabilitierten, sich im Nachruhm zu Lebzeiten sonnenden Stooges selbst. Es bedarf nämlich schon eines gewissen apologetischen Aufwands, etwa das Gitarrenspiel des ganz offensichtlich psychisch derangierten Grobmotorikers Ron Asheton als »intelligent und subtil« zu feiern. Nimmt es der Band denn irgendetwas von ihrem Nimbus, wenn man ihre Originalität und Innovationskraft auf das zurückführt, was sie zweifellos im Überfluss besaß: Frechheit und pure technische Unzulänglichkeit?

Trynka möchte begreiflich machen, was musikalisch so besonders war an Iggy und seinen »Dum Dum Boys«, aber es gelingt ihm nicht so recht, zum einen weil ihm der musiktheoretische Background und also das analytische Besteck fehlt. Man erfährt hier nicht viel mehr, als dass der genialische Stooges-Krach ein radikaler Bruch mit der geläufigen Bluestonalität sei und dessen Akkordmuster auch im Stoner Rock verwendet würden. Vor allem aber findet er keine adäquate Sprache. Trynkas Beschreibungsvokabular ist schlicht und konventionell, er bringt selten einmal genug expressive Energie auf, um die regelmäßig beschworenen akustischen Sensationen einzufangen – und in den avancierteren Passagen wimmelt es dann von schiefen Vergleichen und Katachresen (»ein von Flöhen zerbissenes Fossil« etc.).

Der Vorzug dieses Buches ist seine vorzüglich recherchierte, überaus detailreiche, im besten Sinne lebenspralle Beschreibung von Iggy Pops bisher zurückgelegtem Weg, die trotz ihrer stupenden Materialfülle und ihres Anekdotenreichtums gut lesbar bleibt. Trynka kennt jede Scherbe, mit der sich Iggy Pop die Haut geritzt hat, und wer nach Legs McNeill und Gillian McCains »Please Kill Me« immer noch Klatschbedarf hat, der wird hier gefällig bedient. Aber nach dem xten Bühnenexzess, Zusammenbruch, seelischen Tief, Psychiatrieaufenthalt, Drogenentzug, Freundschaftsbruch etc. fragt man sich schon, ob es nicht auch etwas konziser gegangen wäre.

Eine große Synthese oder auch nur eine interessante These, was diesen manischen Charakter im Kern zusammenhält, liefert Trynka denn auch nicht. Sein Psychogramm zeigt nur auch wieder das von vielen anderen Stars bekannte, offenbar ziemlich bewährte Profil aus unglaublicher Egomanie, übermächtiger Ambition, Cäsarenwahn, kaltschnäuzigem Opportunismus und Rücksichtslosigkeit, die jederzeit über Leichen zu gehen bereit ist. Bisweilen wirkt Trynka fast ein wenig hilflos, wenn er ein ums andere Mal die komplexe Persönlichkeit seines Protagonisten betont, dann aber doch nur das alte Proteus-Schema, den vorpsychologischen Dr. Jekyll/Mr. Hyde-Dualismus anzubieten hat, um die charmante, liebenswerte Umgänglichkeit, die jederzeit in düstere, durchgeknallte Rabiatesse umschlagen konnte, zu erklären. Dabei wusste schon Robert Louis Stevenson, dass sich die menschliche Psyche wohl doch nicht so einfach zerlegen lässt. Anders als ein Hotelzimmer etwa.

ALS SIE UNSTERBLICH WAREN

Tony Parsons hat den Punk herbeigeschrieben mit seinen Reviews, Porträts und Interviews für den *New Musical Express*. Fast dreißig Jahre später legt er ihn zu den Akten. Sein autobiographischer Roman »Als wir unsterblich waren« ist – wenn auch voller Sympathie, warmherzig und seelenvoll – ein Abgesang. Er beschreibt den Zeitpunkt, als Punk seine Unschuld verlor, als er von der Avantgarde- zur Konsenskultur auf- bzw. abstieg, als das kleine, familiäre Underground-Ding an die Industrie fiel und der Welt als neue Mode verkauft wurde. Und Tony Parsons kann diesen Zeitpunkt genau lokalisieren – es war der 16. August 1977, die Nacht, als Elvis starb.

Seine drei Protagonisten Terry, Leon und Ray, fast noch adoleszente, aber drogistisch schon ziemlich ausgewiesene Rockschreiber für das fiktive Musikmagazin »The Paper«, dem offenbar der *NME* Pate stand, hetzen durch die regnerische Nacht. Sie haben eine Berufung, die sie immer wieder antreibt.

Ray, der sanfte Immer-noch-Hippie, dessen Familie nach dem Tod seines Bruders zerbricht und der sich durch die Musik in eine bessere Welt träumt, verliert langsam den Anschluss. »Die neue Musik ... Die kannst du in der Pfeife rauchen. Du verstehst keine Texte, du hörst keine Melodien, nichts.« Der Chefredakteur (»Du hörst dich an ... wie meine alte Jungferntante aus Brighton«) will ihn zum freien Mitarbeiter degradieren, gibt ihm aber eine letzte Chance: Er soll sich ein Interview mit John Lennon besorgen. Der hält sich gerade in London auf, aber niemand weiß wo. Ray macht sich auf die Suche, muss sich zunächst mit den anderen beiden vor einer punkfressenden Ted-Horde flüchten, klappert die Clubs ab, verbringt eine Nacht mit der frustrierten Ehefrau eines bekannten Rock-Promoters – und trifft mit ihrer Hilfe doch noch auf Lennon, der ihm dann auch tatsächlich ein Interview gewährt. Am nächsten Morgen zieht er von zu Hause aus ...

Leon, Sohn eines bekannten Fleet-Street-Kolumnisten und der politische Kopf des Trios, hat für »The Paper« die Uni geschmissen und wohnt in einem besetzten Haus. »Leon glaubte fest daran, dass die neue Musik die Kraft für soziale Veränderungen hatte. Das Feuer brannte noch immer. Die Zuhörer mussten nur radikalisiert werden. Und die Musiker eine bewusstere Haltung lernen. Im Grunde musste man nichts weiter ändern als alles.« Gerade hat er sich bei einer antifaschistischen Demonstration Blessuren geholt – und es werden nicht die letzten bleiben in dieser langen Nacht. Proll-Punks sind hinter ihm her, weil er deren Lieblingsband vernichtend rezensiert hat. Er flüchtet in eine Arbeiter-Disco, lernt tanzen, verliebt sich in Ruby, eine Friseurin, nimmt sie mit in das besetzte Haus, das dann aber just von der Polizei gestürmt wird. Schließlich kehrt er zurück in die Redaktion, schreibt eine Kritik über ein Konzert, das er verpasst hat und dann leider ausfiel, und wird am nächsten Morgen vom Chefredakteur entlassen. Als er dann auch noch durch die Scheibe des Friseursalons sieht, wie Ruby einen anderen küsst, kehrt er heim – zurück nach Hause und zurück in die Upper Class. Der kurze Traum von sozialen Veränderungen ist ausgeträumt.

Terry, der dritte im Bund, kommt gerade aus Amsterdam zurück, wo er zwei Nächte durchgemacht hat mit seinem Idol, jenem legendären (fiktiven) Dag Wood, der in Woodstock von der Bühne gebuht wurde. Auch diese Nacht wird er nicht schlafen. Mit seiner Geliebten Misty will er Wood die Londoner Szene vorstellen, und der hat denn auch keine Berührungsängste, umgarnt Misty, die sich das gern gefallen lässt, und nimmt sie mit aufs Hotelzimmer. Terry läuft Amok, wird aus dem Hotel geschmissen, schläft mit einer heroinsüchtigen

Szeneschönheit, pfeift sich immer wieder Speed rein – und am Ende der Nacht trifft er erneut auf Misty, die ihm nun eröffnet, dass sie von ihm schwanger und dass mit Dag Wood absolut nichts gelaufen sei. Sie wollte nur reden!

Terry hat wohl die meisten autobiographischen Anteile Parsons abbekommen – und bei der egozentrisch-flatterhaften Misty scheint seine damalige Kollegin und zeitweilige Flamme Julie Burchill Modell gestanden zu haben. Ihm bleibt es denn auch vorbehalten, den Niedergang der Bewegung zu konstatieren, indem er sie noch einmal sehnsüchtig, schon beinahe nostalgisch wiederaufleben lässt: »Alles hatte so gut angefangen. Es war die beste Zeit seines Lebens. Die zweite Hälfte des letzten und die erste dieses Jahres, den ganzen glühend heißen Sommer von 1976 und den darauf folgenden eiskalten Winter hindurch konnte Terry jederzeit ins Western World kommen, und er kannte jedes einzelne Gesicht. Man hatte den Eindruck, dass jeder ein Musiker, Journalist, Fotograf, Bandmanager, Modedesigner war – oder es zumindest sein wollte, auf der Suche nach einem Fluchtweg aus dem alten Leben und der lähmenden Normalität ... Terry war diese erste Zeit als irgendwie unschuldig in Erinnerung geblieben; egal, welche Schlagzeilen die empörten Zeitungen brachten. Obwohl sie in ihrem Aufzug so aussahen, als seien sie jederzeit auf eine Schlägerei aus oder auf einen Fick oder beides, gab es ein tiefes Gefühl von Gemeinschaft und Zusammenhalt. Inzwischen warteten vor dem Western World fiese Visagen, die Terry und Misty missliebig anstarrten, als sie an der Schlange vorbei nach vorn gingen. ›Vorsicht, Vorsicht – Fremde‹, zischte Brainiac, fast den Tränen nah, über Terrys Schultern hinweg. ›Fremde sind hier.‹«

Es geht hier aber eben nicht nur um die Musik und Punkkultur. Indem Parsons drei Geschichten nebeneinanderher erzählt, die sich immer wieder gegenseitig unterbrechen und gelegentlich auch mal kreuzen, hält er seine Punk-Introspektive nicht nur schön unter Spannung, sondern schafft auch Raum, um die damit verbundenen persönlichen, aber eben auch gesellschaftspolitischen Emanzipationshoffnungen darzustellen. Dafür sind dann die anderen beiden zuständig. Ray gelingt immerhin die Abnabelung von seiner Familie, vor allem seinem tyrannisch-virilen Polizistenvater. (Ironischerweise profitiert ausgerechnet der Hippie, der mit der Punk-Bewegung so gar nichts am Hut hat, am meisten von ihr.) Leon hingegen scheitert auf ganzer Linie. Die innenpolitischen Konflikte im England des Sommers 1977 werden eben nicht durch die Werktätigen auf der Straße entschieden, sondern politisch – durch das sich bereits ankündigende eiserne Thatcher-Regiment. Die Kluft zwischen den Arbeitern und der sich für sie stark machenden verlausten Jugendbewegung könnte denn auch größer gar nicht sein: Leon kriegt mal wieder aufs Maul, als er in einer Arbeiterschenke frühstücken will und sich nicht adäquat zu benehmen weiß; und die klassenübergreifende Liebe zu Ruby, der göttlichen Proletin, ist eben auch nicht mehr als ein one night stand. Das ist vielleicht der desillusionierendste Moment in dieser langen Nacht der Entscheidung, dass nichts, nicht mal Punk, die Klassenschranken niederzureißen vermag.

Weil Parsons das jugendliche Rockschreiber-Triumvirat auch im Kontext ihrer Familien beschreibt, liefert der Roman zudem ein recht differenziertes Panorama der englischen Gesellschaft: Plebejertum unterschiedlicher Couleur (Misty und Terry), reaktionäres Kleinbürgermilieu (Ray) und liberales Bildungsbürgertum (Leon) – alles da! Dreh- und Angelpunkt ist dann aber die Redaktion von »The Paper«, hier kehren die drei immer wieder zurück, haben sie ihr eigentliches Zuhause, denn hier wartet – neben dem väterlich-strengen Chef – ihr aller Idol auf sie: Skip Jones, das manische, linkshändige Kritikergenie, der leibhaftige Grund, warum sie überhaupt für »The Paper« arbeiten, das Orakel, das die

Redaktionsräume kaum einmal zu verlassen scheint und den drei Adoleszenten jederzeit mit einen guten Rat zur Seite steht. Ähnlich wie Lester Bangs in Cameron Crowes Seventies-Stadion-Rock-Hommage »Almost Famous« ist dieser altersweise Rockkritiker der heimliche Held des Romans. Ein »Rock'n'Roll-Heiliger« mit einem ziemlichen Hau ins Tragische. Am Ende des Romans hat er einen Herzinfarkt – mit 25! *Das* ist Rock'n'Roll!

»Als wir unsterblich waren« ist ein kleines bisschen zu künstlich, zu offensichtlich dramaturgisch zugespitzt. Was da alles in dieser einer Nacht quasi gleichzeitig passiert, die Parsons dann auch noch durch den Tod des Kings symbolisch überhöht. Hier wird das Wahrscheinlichkeitsprinzip deutlich in Richtung Kolportage überdehnt. Aber Parsons liefert eben auch ein buntscheckiges, plastisches, entsprechend ruppiges Porträt der Zeit und eine ganz wundervolle Illustration dieses Gefühls, das einerseits ganz individuell ist und das doch jede Generation so ähnlich durchlebt: »Das, wofür sie immer hierher gekommen waren, so schien es Terry nun, hatte es nur vor einem Jahr gegeben. Während jenes glutheißen Sommers, als alles noch in seinen Anfängen lag. Und sie nicht erwarten konnten, bis diese Zeit vorüber war und das Leben erst so richtig losging. Jetzt sah er, dass es genau *das* war ...«

THE STOOGES GEHEN NOCH EINMAL IN DIE GARAGE

Man hatte ja einiges erwartet, aber dass ausgerechnet Iggy Pop der Hinkefuß bei der Reformation dieser schnellen Eingreiftruppe sein würde, vielleicht doch nicht. Seinem kurzatmigen, gelangweilten, intonationsschwachen, immer schön Note für Note dem Dilettanten-Riff hinterherteckelnden »Gesang« fehlt eigentlich alles, vor allem aber die selbstzerstörerische Agilität, die er auf der Bühne doch so gut zu zelebrieren weiß. In den besten Momenten klingt er schon wieder nach David Bowie, aber wen soll das überzeugen? Der damit einhergehende halbimprovisierte Garagen-Jazz-Rock (»Passing Cloud«, »The Weirdness«) kommt kaum von der Stelle, torkelt nur müde im Kreis herum. Nicht zuletzt weil der Drum-Veteran Scott Asheton einmal mehr jedes Timing zerdullert.

Dann doch lieber die notorischen Bretter, wie dünn sie auch sein mögen. »Free & Freaky« etwa zeigt auf 2:39 Minuten, wie schön es hätte werden können. Der Song ist dumm und nicht besonders schnell, Asheton verkloppt sich einmal mehr bei jeder Triole, aber hier blitzt einmal wenigstens dieser naive Enthusiasmus des Frühwerks auf, und man möchte fast unterstellen, dass es den drei Pensionären hier sogar nochmal Spaß gemacht hat. Der Rest war Arbeit, die getan werden musste, nachdem der Scheck schon versoffen war.

Bemerkenswert bleibt indessen, wie wenig man in so langer Zeit dazulernen kann. Auch Ron Asheton polkt die Powerchords immer noch so unbelehrbar stumpf aus dem Holz, als hätte er sein Instrument die letzten 35 Jahre nicht mehr angefasst. Nun muss man ja gerechterweise konstatieren, dass manuelle Benachteiligung bei den Ashetons in der Familie liegt. Wie auch immer, seiner motorischen Grobheiten wegen degradierte man ihn damals beim Schwanengesang »Raw Power« zum Bassisten und holte sich mit James Williamson einen richtigen Instrumentalisten in die Band, den bösen Mann, mit dem dann laut Legende alles den Bach runterging. In Iggys Privatmythologie übernimmt Williamson zu eindeutig die Rolle des schwarzen Peters, als dass er ihn noch einmal hätte fragen können. Aber dessen kompositorisches Viertel-Ingenium, ja, und auch sein ungestümes Wah-Wah-Geferkel, vermisst man auf »The Weirdness« denn doch schmerzlich. Nichts zu können, reicht auch schon nicht mehr – es ist zum Verrücktwerden.

ROCK'N'ROLL-AHASVER

Als vor vielen Jahren ein befreundeter Journalist ein Interview mit Alice Cooper offeriert bekam, überlegte er mit seinem Fotografen, wie sie dem ehemals so großen Mann angemessen gegenübertreten sollten. Man einigte sich schließlich auf die berühmte Szene in »Wayne's World«, in der Wayne und Garth backstage einem Vortrag Coopers über die indianischen Wurzeln der Stadt Milwaukee lauschen und sich dann vor Demut vor ihm in den Staub werfen: »Wir sind unwürdig ...« Zwei Minuten vor der Audienz bekommen die beiden dann aber doch kalte Füße, finden das alles plötzlich albern, ändern ihr Konzept kurzfristig und begrüßen ihn ganz schlicht, auf Augenhöhe, mit einem Handschlag. Cooper sieht sie überrascht an und nickt dann zufrieden: »Endlich mal einer, der nicht diese beschissene ›Wayne's-World‹-Nummer abzieht!«

Ende der Neunziger war die ehemals auratische Gestalt zu einer Szene in einem Comedy-Streifen eingedampft. Den Rest interessierte fast nur noch die Oldie-Fraktion. Und so teilt auch er das Schicksal vieler Rock'n'Roll-Ahasvers: Er muss nun für alle Zeiten durch die Mehrzweckhallen und Bürgerzentren in der Diaspora tingeln – und schließlich bei Thomas Gottschalk auftreten.

Sein nach eigenem Bekunden 25tes Studio-Album »Along Came A Spider« ist auch nur noch ein Alibi, ein Anlass für die nächste World Tour, auf der man ja sowieso höchstens zwei Songs davon bringen wird. Und so klingt es: Als hätten die Gitarristen gar nicht erst die Marshalls ausgepackt, sondern die Gitarrenklinken gleich ins Digitalpult gestöpselt. Oder waren sie am Ende gar nicht da und haben ihre Parts durchs Telefon eingespielt? Die Produktion ist flach, lau, undynamisch, da knallt nichts. Und was soll auch knallen bei diesen inspirationslosen Songs, die zum xten Mal, geradezu seriell alte Cooper-Hitschemata abpausen. Hier ein bisschen »No More Mr. Nice Guy«, dort ein wenig »Poison« und »Feed My Frankenstein«, und beim Schmalzgebackenen natürlich »I Never Cry«. Vor allem seine typischen Bad-Guy-Vocals zwischen Knurren und Raunen muss er immer wieder doppeln, um ein gewisses Volumen zu erzeugen, dadurch wird aber jeder Schlenker, jede Furche in der Intonation wegpoliert, so als würde er ständig nur Refrain singen. Das Gegenteil von böse ist böse gemeint, jedenfalls immer noch nicht gut.

Angesicht der freudlosen Gegenwart kann ein bisschen nostalgische Rückschau nicht schaden, und diesem Bedürfnis hat Alice Cooper gerade mit seiner zweiten Autobiographie »Golf Monster. Mein Leben zwischen Golf und Rock'n'Roll« Rechnung getragen. Die zwölf Exkurse, in denen er beschreibt, wie er nach zwei Entzügen seinen Alkoholismus eintauscht gegen die Golfsucht, und dann auch gleich noch ein paar Tipps gibt, mit welchem Gallaway-Driver man neun Meter mehr rausholt, wo der Ellbogen beim Chippen anliegen muss, und wie man sich zu verhalten hat, wenn man aus Versehen die vor einem spielende Gruppe abgeschossen hat usw., kann getrost überschlagen, wer dieser Sportart nicht frönt. Ich habe das jetzt für Sie gelesen: Glauben Sie mir, Sie verpassen wirklich nichts!

In den übrigen zwei Dritteln des Buches erinnert er sich unbefangen, aufrichtig und – auch wenn ihm die eine oder andere Selbstgefälligkeit durchrutscht – beinahe bescheiden an seine gloriose Zeit als Musiker. An die späten Sechziger etwa, als er neben MC 5, Stooges, Amboy Dukes und ein paar anderen den Hippies mit ihren Paradies-Naherwartungen einen ungeschlachten, asphaltharten Brocken Detroiter Stahlstadtrealität vor die gebatikten Lätze knallte. Er ist sogar redlich genug, die Qualität seiner Kontrahenten anzuerkennen:

»Ich trat nicht gerne nach Iggy auf! Er erschöpfte das Publikum. Vielleicht waren wir musikalisch besser und visuell umwerfender, doch bei den Stooges ging die Post ab.«

Schon früh hatte er sich von der befreundeten Girl-Band GTO's ein abgerissenes Fummeltrinen-Outfit auf den Leib schneidern lassen. Das war Glam avant la lettre. Und als der dann tatsächlich so hieß und die Band ihre Musik vom Produzenten Bob Ezrin noch einmal vollständig zerlegen und marktgerecht wieder zusammensetzen ließ, begann die große Zeit von Alice Cooper. Er ging noch einen Schritt weiter und hyperbolisierte das Glam-Konzept in Richtung Horror Show mit elektrischem Stuhl, Guillotine, Zwangsjacke, eimerweise Filmblut und der notorischen Würgeschlange. Groucho Marx, der väterliche Freund, hatte gar nicht so unrecht damit, wenn er ihn als »die letzte Hoffnung des Varietés« bezeichnete. Ein ziemlich eklektischer, mit Motiven aus Gothic-Literatur und Horror-B-Movies spielender Vaudeville-Mummenschanz wurde hier dargeboten, der die größten Säle und Stadien füllte und ihm schließlich sogar einen Eintrag ins Guiness Buch der Rekorde einbrachte: 1973 bestritt er in São Paulo vor 158.000 Zuschauern das bisher größte Hallenkonzert, in einem Gebäude sieben Mal so groß wie der Madison Square Garden. Aber was für ein Chaos-Trip: »Als wir eine Pressekonferenz gaben, erschienen 30.000 Leute. Während dieser Pressekonferenz wurden in den Toiletten zwei Menschen erstochen. Soldaten waren da. Ein Baby wurde geboren.«

Dann der Suff, ein paar weniger erfolgreiche Alben. Alice Cooper war beinahe schon weg vom Fenster, als sich Mitte der 80er die Theater AG des Heavy Metal emanzipierte und als »Sleaze« auch noch Erfolge feierte. Mötley Crüe, Faster Pussycat, Guns N' Roses, Poison beriefen sich immer wieder vollmundig auf Alice Cooper. Der nutzte seine Chance, ließ sich von einschlägig erfahrenen Produzenten (Beau Hill, Michael Wagner) und jungen, gutaussehenden Mietmusikern musikalisch runderneuern und konnte seine Karriere so bis in die 90er Jahre auf hohem kommerziellen Niveau fortführen, bis Grunge den Metal als Hätschelkind der Plattenindustrie ersetzte und zurück in die Nische stieß.

Von dem letzten Karriereknick erfährt man in seiner Autobiographie natürlich nicht viel, dafür umso mehr darüber, wie er ihn kompensiert. Mit Golf – und dem lieben Gott. Er führt am Ende einen peinlichen Eiertanz auf, will einerseits den alten Apostaten-Fans klarmachen, dass man auch als gläubiger Christ immer noch »schwer auf Draht« sein könne, und zugleich sich und seinem Herrn Rechenschaft ablegen. Auf einmal darf die Show auch kein kurzweiliges Varieté-Spektakel ohne tieferen Hintersinn mehr sein, sondern muss den hehren Zweck haben, die »Niedertracht auf der Welt satirisch darzustellen«, um der »Welt heute eine gewaltige Dosis Moral und gesunden Menschenverstand« einzutrichtern. Man fühlt sich sofort an Karl May erinnert. Als der die sterbende Rothaut am Ende von »Winnetou III« hauchen lässt »Winnetou ist ein Christ«, hätte man das Buch auch am liebsten in die Ecke gepfeffert. Hier geht es einem ähnlich. Dabei hat man sich passagenweise sogar ganz gut amüsiert. Einmal erzählt er von seiner Liebe zu schlechten Kung-Fu-Filmen, die er sich allem Gespött der Roadies ungeachtet regelmäßig vor der Show ansieht: »Jeder Musiker hat seine eigenen Rituale, bevor er auf die Bühne geht. Peter Frampton bügelt.«

ALTE AUTOS UND ROCK'N'ROLL

Wiewohl er es gelegentlich verleugnet hat- wenn es sich richtig lohnt, kramt Neil Young doch immer mal wieder gern sein altes Hippie-Image hervor. »Fork In The Road« heißt das neue Album zur demnächst steigenden Demo. Geplant ist aber kein Sit-in oder Bed-in, sondern ein Drive-in. Der war gut, oder?

Wie alles anfing. Dass er auf seinem kalifornischen Anwesen mit schöner Aussicht auf Silicon Valley eine eigene, gar nicht mal so kleine Schädelstätte für Straßenkreuzer unterhält, wusste man schon. Da stehen sie alle, die Blechleichen, Buick LeSabre, Plymouth Belvedere, Chevrolet Impala, Cadillac Series Sixty One, Lincoln Continental usw., längst ausgemustert, weil selbst in den USA die Benzinpreise steigen – und das trotz ziemlicher erfolgreicher Beschaffungskriminalität. Beim Blick aus dem Übungsraumfenster ist ihm diese merkwürdige Koinzidenz irgendwann aufgefallen: da unten im Tal die Halbleitermedizinmänner, Festplattenmagier und PC-Palefaces, die an ihrer Version des upcoming Utopia tippen, und hier droben die ehemals glänzende, vom stetigen kalifornischen Flugsand mittlerweile etwas mattierte Automobil-, und die ist ja nichts anderes als verdinglichte US-Historie. Da unten die Soft-, hier oben die Hardware, da die Jugend, hier das Alter, das alles muss doch irgendwie zu verbinden sein ...

Dann eines Morgens offenbarte ihm Mrs. Young nach dem ersten Teller Rührei mit Speck, sie müsse schon wieder tanken fahren und überlege jetzt ernsthaft, ob sie sich nicht eine von diesen sparsamen, günstigen Reisschüsseln zulege. Die wögen ja schließlich nur die Hälfte und verbrauchen täten sie sogar nur ein Drittel. »Den Anschaffungspreis hat man da ja bald wieder raus. Und die Umwelt sagt danke.«

Wutenbrannt ließ Neil die Eier stehen, rannte nach draußen, kickte einen Stein gegen die staubigrote Corvette, die er noch nie so richtig leiden konnte, zu klein, zu europäisch, zu geckenhaft, und beim Klirren des zerspringenden rechten Scheinwerfers klirrte es auch in seinem Kopf. Er schlenderte gemächlich zurück ins Haus, setzte sich an sein Wählscheibentelefon – und sein Management regelte dann den Rest. Gewiefte Techniker aus dem Valley würden seinen guten alten 59er Lincoln nicht nur weiß umstreichen, sondern auch gleich noch entkernen und mit neuester Computer-Weltraum-Hybrid-Technologie versehen. Lincvolt nennt sich die damit beauftragte Forschungsabteilung des Automobilherstellers, und der hat dann auch gleich eine eigene Webseite geschaltet hat (www.lincvolt.com), bei der man zuschauen darf, wie die Electroboys Fortschritte machen. Nur Jungs übrigens. An Autos rumzuschrauben war immer schon ein klassisches Jungsding. Das offenbar marihuanabefeuerte hehre Ziel war ein Verbrauch von einer Gallone, das sind gut viereinhalb Liter, auf 100 Meilen – und ist noch nicht annähernd erreicht. Nach 65 Meilen kackte der große Weiße bisher jedes Mal ab. Ich schrieb daraufhin lincvolt & Young ins Gästebuch, man möge sich einfach einen gut eingefahrenen Golf A1 Diesel aus den 70ern besorgen, bei halbwegs bedächtiger Fahrweise (»früh hoch-, spät runterschalten!«) sei so ein Verbrauch durchaus drin, jedenfalls wenn man den Äußerungen meines Vaters Glauben schenken dürfe, der damals bei seiner Fahrgemeinschaft mit vergleichbaren Zahlen geprunkt habe. Aber mein Verbesserungsvorschlag verfing nicht. Nein, es müsse schon ein Lincoln sein, denn »a large car that is what a lot of Americans still want«. Und außerdem bezahlt der Konzern die Techniker.

Was will man da machen? Musik hören. Da Neil Young mit seinen beiden linken Händen sowieso nicht groß helfen konnte, setzte er sich nämlich in der Zwischenzeit mit ein paar Musikern in den Übungsraum und dachte sich Songs aus für das grob überm Daumen 137. Album, das er dann auf der geplanten lincvolt-Demo, mit seiner elektrifizierten Schubrakete soll er einmal quer durch die Staaten karriolen, im Autoradio hören kann. Sofern seine Spezis denn irgendwann mal die 100 Meilen pro Gallone schaffen. Das Album mit dem dräuenden Titel, der übersetzt so viel wie »Weggabelung« bedeutet – an einer solchen befinden wir uns nämlich gerade eben, mal ökologisch gesehen! –, besingt nun diese heroische Unternehmung und zeigt sich zunächst unerwartet selbstkritisch: »Just singing a song won't change the world.« Das stimmt, aber was kann man denn sonst noch tun? »You can ride in my car, see how it rolls, feel the new energy as it quietly goes.« Singen allein genügt also nicht mehr, um die Welt zu retten, man muss auch Lincoln fahren! »Just fill'er up and turn the key/your satisfaction is guaranteed«, seufzt der alte Schwerenöter. Und was damals in den Sechzigern allerhöchstens eine sexistisch-blecherne Metapher war für die Frau, mit der man so richtig Spaß haben konnte – natürlich auf dem Rücksitz –, ist nun voll ernst gemeint. Die Angeschmachtete ist hier die Strom-Limo selbst.

Eine windschnittigere und besser camouflierte Reklame hat die Welt noch nicht gesehen. Während so ein dummer irischer Schafhirte wie Gary Moore für den passenden Blues zur passenden Jeans noch so richtig eingeschenkt bekam, nassauert Young, dieser Business-Wolf im Schaffellimitat, der Firma Lincoln die ja auch nicht mehr so locker sitzenden Werbegelder aus dem Kreuz und lässt sich dabei als neuer Öko-Messias feiern. Dass seinem vorgestrigen Rumpeldipumpel-Rock genau der leistungsfähige Hybrid-Motor fehlt, den sie seinem Liebling eingesetzt haben, kann ihm da schon fast egal sein.

Mir aber nicht. Zum Thema »Alte Autos und Rock'n'Roll« haben die leider nicht mehr existenten, schier unfassbar guten Hamburger Blues-Rocker Bauer, Garn & Dyke das einzig gültige musikalische Statement abgeliefert – mit dem gleichnamigen Song vom zweiten Album »Himmel, Arsch & Zwirn«, das auf keiner einsamen Insel fehlen darf. Hier stimmen mal die Verhältnisse: »Alte Autos und Rock'n'Roll/ Wir kommen immer zu spät/Alte Autos und Rock'n'Roll/ Der Rock'n'Roll rollt und das Auto steht.« Bei Neil Young ist es genau umgekehrt.

DER ELEKTRISCHE PHILOSOPH

»Klaus Theweleit (AZ)« steht auf dem obersten der drei Klingelschilder. Ich tippe auf Arbeitszimmer und habe Recht. Der Summer geht prompt und mit schnellen Schritten kommt er mir entgegen, die Treppe hinunter, zeigt sich einigermaßen erstaunt über die Pünktlichkeit der Bahn, die er als gefragter Vortragsreisender auch schon mal anders erlebt hat. Die halblange Pianistenfrisur und der Bartkranz sind leicht ergraut, aber Bewegungen und Stimme lassen ihn jünger wirken – beweglich, dynamisch und ein bisschen feminin oder besser anti-viril.

Nach der Flucht aus Ostpreußen als Dreijähriger ist er in Norddeutschland, in Husum und Umgebung, aufgewachsen – und diese offenbar nicht ganz einfache Sprachsozialisation hört man ihm immer noch an. In seinem schönen Aufsatz »Bonbonglas« erzählt er von der Notwendigkeit, das rollende ostpreußische »R« loszuwerden, das dem norddeutschen Plattkopf das Gegiggel in den Mundraum getrieben und nicht zuletzt als »Fremdheitssignifikant« gute Dienste erwiesen hat. Diese frühkindliche Konditionierung auf den richtigen Zungenschlag geht offenbar nicht mehr weg. Auch nach über vier Jahrzehnten hier unten in Freiburg hat er ihn sich nicht abgewöhnen können. »Ich kann Dialekte nicht ausstehen, den alemannischen schon gar nicht«, sagt er mit einem mokanten Lächeln, »wobei man mir dann immer entgegnet, ich würde ja auch einen sprechen.«

Wir gehen in die helle, offene Wohnküche. Er macht einen Espresso und korrigiert mich sanft, als ich die Schönheit Freiburgs zu loben beginne, was nach einer zehnminütigen Taxifahrt vom Bahnhof in dieses von Mehrfamilienhäusern bestimmte Wohnviertel ein gewagtes Unterfangen ist: Nicht die Stadt sei schön, sondern die Umgebung. Später wird er mir ironisch beichten, dass seine Frau ihm nie so richtig verziehen habe, dass sie hierher gezogen seien, so weit weg vom Meer. Die Espressomaschine zischt, er kleckert etwas beim Einschenken und zeigt mir dann den gepflegten, blühenden Garten, durch den ein kleiner Bach mäandert. Er erwartet Lob für diese pittoreske Szenerie, weil die Gartenarbeit in seinen Kompetenzbereich fällt, und das bekommt er dann auch von mir.

Die Gesprächssituation ist von Anfang an entspannt, freundlich und erstaunlich distanzlos. Er steht fast immer so nah bei mir, dass unsere Arme sich beinahe berühren. Und unwillkürlich kommt einem der Gedanke, das seien dann wohl die ganz praktischen Lehren, die Theweleit aus seiner wissenschaftlichen Beschäftigung mit der soldatischen Verfasstheit von deutschen Männern und ihren »Körperpanzern« gezogen habe, die ihn schon in seinem Debüt »Männerphantasien« umgetrieben hat.

Der strukturelle Fascho im Mann, die stetige Konsolidierung der Männerherrschaft durch die Opferung der Frauen, die Usurpation des weiblichen Körpers usw. – dieses abendländische Krankheits-Syndrom bildet auch den ideellen Magnetkern seiner folgenden, nicht minder voluminösen »Theorie-Romane«, wie dem »Buch der Könige« (projektiert auf 4 Bde., 2 bereits erschienen) oder dem »Pocahontas-Komplex« (4 Bde., 2 erschienen), seiner kleineren Studien etwa über Gewalt im Film (»Deutschlandfilme«) und in seinen unzähligen Vorträgen, Essays, Interviews und Polemiken, die er zuletzt mal wieder gesammelt vorgelegt hat in dem Band »Friendly Fire. Deadline-Texte«. Den kann man übrigens ganz gut als Einführung in das auf vielen Hochzeiten tanzende, in vielen Wäldern holzende, Hoch-, Pop- und Trivialkultur mit der gleichen Akribie sezierende und vor allem mit exegetischem Witz, Gelehrsamkeit und enormer poetischer Energie geschriebene Werk lesen.

Die in der Hauptsache bei Stroemfeld erscheinenden, auch optisch reizvollen Text-Bild-Montagen, die gänzlich heterogene Bildbeigaben (Comics, Filmstills, Fotos, Plakate, alte Graphiken etc.) integrieren, verlangen eine umherschweifende, eine Multi-Tasking-Lektüre auf verschiedenen Ebenen, die offenkundig vor allem konservativere, auf die neuen, medial gewandelten Wahrnehmungsweisen noch nicht geeichte Leser überfordert. »›Männerphantasien‹ hat mir die traditionelle Uni bis heute nicht verziehen«, sagt Theweleit im Laufe unseres Gesprächs und lacht dabei recht ausgelassen. »Ein Teil der Professoren findet es prima, macht es auch in ihren Seminaren, aber der überwiegende Teil ignoriert es total und will einfach nicht, dass ihre Studenten mit so etwas ankommen: Auch wenn sie es selbst möglicherweise ganz gut finden, sie werden das auf keinen Fall propagieren, denn sie wollen ordentliche Seminararbeiten haben – ohne so einen Quatsch, ohne Bilder.«

Mitunter publiziert er aber auch ein wenig niedertourigere Bücher für eine breitere Leserschaft. Wie vor vier Jahren sein wunderbares Fußball-Traktat »Tor zur Welt. Fußball als Realitätsmodell«, das bei seiner eigenen Fußballsozialisation beginnt und sich zu einer kulturphilosophischen, anthropologischen, kabbalistischen Exegese des Phänomens auswächst. Den Ball einwerfend beim abstrakten Raumgefühl der Holländer, die eben nicht nur einen Piet Mondrian hervorgebracht hätten, sondern genauso unvermeidlich einen Johan Cruyff und Rinus Michels, dessen Viererkette den Fußball strategisch revolutioniert habe, landet er mit kurzem, schnellem Analogie-Passspiel im Sechzehner des modernen Fußballs. War die Viererkette die Anwendung der Geometrie auf dem Platz, sei man nun bei der »Digitalisierung« des Fußballs angelangt. Und seine Beobachtungen sind von stupender Plausibilität: Die Spielzüge entsprechen nicht mehr geometrischen Formen, sondern haben eher Netz- bzw. Rasterstruktur; gefordert ist nicht mehr der Flankengott, sondern der »schaltende

Spielertyp«, der überdies das ganze Arsenal der Spielweisen gleichzeitig abrufbar hat. Alles wie im Videospiel! Und er suggeriert, dass die modernen Spieler ihre veränderten Fähigkeiten genau hier auch gelernt haben – an der Spielkonsole. »Die Probe aufs Exempel wäre zu machen, ob und wie sich die Simulations-Fertigkeiten auf den Umgang mit dem Ball selber übertragen lassen. Wahrscheinlich sehen wir Samstag für Samstag in den Stadien oder im Fernsehen Proben dieser Umschaltung in Aktion, ohne es zu wissen.«

Man könnte nun die Analogie-Kette sogar noch fortsetzen – und diesen Befund auf ihn selbst anwenden. Theweleits Schreibweise ist nämlich ebenfalls »digitalisiert«. Seine Texte besitzen keine plane, lineare, sondern vielmehr eine komplexe Netzstruktur, er ist der schaltende Autortyp, der zwischen seinen weitverzeigten Primär- und Sekundärquellen, aus verschiedensten Wissensbereichen herbeizitierten Textbausteinen Kausal- und Analogieverbindungen herstellt; und er lässt sich eben auch nicht auf eine Methode festlegen, vielmehr erfindet er sich seine jeweilige Methode in der aktuellen Schreibsituation.

Theweleits eigentliches Interesse gilt weiterhin dem »ideologisch formierten«, gewalttätigen Körper, wie er ihn in »Männerphantasien« bei den Freikorps-Soldaten exemplarisch dingfest gemacht hat. »Tor zur Welt« liest sich nachgerade komplementär dazu, denn für Theweleit ist Fußball »eins der bedeutendsten Mittel«, an der Zivilisierung gegebener Gewaltpotenziale mitzuwirken. »Exakter gesagt: 95% der Zuschauer in den Stadien bekämpfen Wochenende für Wochenende erfolgreich den eigenen Hooliganismus. Als Möglichkeit liegt er in ihnen wie in den manifesten Hooligans auch. Aber mit Hilfe von Zivilisierungsformeln wie: ›Die andern können auch Fußball spielen‹ ... ›Es kann nicht zwei Sieger geben‹ ... ›Es geht nicht immer gerecht zu auf der Welt, aber meistens gleicht sich das aus‹ wird das Kriegerische in

Spielern wie Zuschauern ständig heruntergefahren. Während ›Krieg‹ ja heißt, so lange auf den Feind einzuschlagen oder einzuwirken, bis er sich nicht mehr rührt.« Überdies nimmt der Sport eine »grundsätzliche Verschiebung« vor, nämlich »die Verwandlung von Feinden in Gegner. Gegner mit gleichen Rechten spielen gegeneinander. Die oberste Regel des Spiels sagt, dass die körperliche Unversehrtheit des anderen genauso zu schätzen und zu bewahren ist wie die eigene. Das geschieht im Spiel durch die permanente Umwandlung von Vernichtungspotenzialen in spielerische Techniken. Jedes Stückchen Technikzuwachs ist ein Stück Gewaltabbau.«

Dieser letzte Satz hätte auch in seiner Hendrix-Biographie stehen können, die er zusammen mit seinem »ehemaligen Schüler und Freund« Rainer Höltschl geschrieben hat. Auch Hendrix' »Technik«, die Elektrifizierung ebenso wie sein artistisches Vermögen, erzeugt ihrer Ansicht nach eine »riesenhafte Anti-Zerstörungskraft«.

Wir gehen zurück ins Haus, und ich frage ihn, wo er eigentlich seine Fender Stratocaster stehen hat. Er habe gar keine, er spiele ja Free Jazz. Na, dann eben die Semiakustische von Gibson. »Ich habe nur einen Gibson-Nachbau von Morris ...« Den will er mir aber gern zeigen, und so gehen wir eine schmale Treppe hinunter in den Keller zum Musikraum, in dem er es mit seiner Band BST (für die Musiker Berger, Schaeffer und Theweleit) einmal wöchentlich ohne Masterplan und doppelten Boden klabautern lässt. »Acoustic improv mutates into a Motörhead live LP« schrieb das Magazin »Wire« recht einleuchtend über ihr erstes Album »Viosilence« (supposé). Der Raum ist klein und mit Klavier, Schlagzeug, Cello, Gitarre und Peavey-Amps ziemlich vollgestellt; auch eine Geige liegt auf dem Verstärker, das 8-Spur-Mischpult, zwei Saxophone und allerlei Percussives. In den Wandregalen Video-Kassetten (laufende Nummerierung: 1293!), Lehrstoff für seine Vorlesungen an der Kunsthochschule Karlsruhe, dort ist er Professor für Kunst und Theorie. »Heute ist übrigens ein historisches Datum«, sagt er. »Heute ist nämlich mein letzter Tag als Angestellter, mein letzter Berufstag. Ich bin ja letztes Jahr im Februar 65 geworden, hätte also eigentlich pensioniert werden sollen, habe dann aber noch drei Semester drangehängt. Und die sind nun rum. Heute bin ich noch Kunstprofessor, morgen bin ich wieder freier Autor und Rentner, muss also vom Schreiben leben, denn die Rente ist mager, ich war ja wegen der späten Professur kein Beamter.«

Theweleit legt sich die Morris auf die Knie wie Jeff Healey, schmeißt den Peavey an, drückt das Wah-Wah-Pedal, greift dann aber zum Geigenbogen und sägt ein paar faserige, schroffe Noise-Klötze aus dem Holz; anschließend kommt dann auch eine Muschel zum Einsatz. Nach so etwas Profanem wie einem Plektrum wage ich gar nicht erst zu fragen. Klavier spielen kann er auch, wie er später mit einem zurückhaltend getupften »Satin Doll« von Duke Ellington beweist.

Schließlich gehen wir eine steile Wendeltreppe hoch ins Dachgeschoss, wo er sein Arbeitszimmer hat – und so stellt man sich den Denker-Alkoven eines Pop-Polyhistors auch vor. Volle Bücherregale. Viel Theorie, kaum Belletristik (die stehe im Keller und eine Extra-Abteilung Lyrik im Wohnzimmer, wie er nicht zu erwähnen vergisst). Mehrere überfüllte Akten-Hängeregister, ein mit Papierstapeln und Ordnern bedeckter Arbeitstisch, in einer etwas beengten Nische sein Computer, aber dann unter der breiten Fensterfront zur Straße eine Musikanlage, Alben, CDs, aber auch viel Vinyl: Sun Ra, Art Ensemble of Chicago, Hendrix ... Er setzt sich auf eine abgewetzte, krummgesessene braune Ledercouch, nimmt sich eine Akustikgitarre und spielt eine eher gesummte Version von Ray Charles »Georgia On My Mind«. Er sei etwas schüchtern beim Vorsingen, bekennt er ironisch. Ich setze mich ebenfalls, neben mir stapelt sich Hendrix-Sekundärliteratur auf dem Boden.

Ich komme auf die leidige Pflicht des Biographen zu sprechen, nämlich noch einmal das Faktenskelett zusammensetzen zu müssen, obwohl die großen Studien von Shapiro/Glebbeek, Charles Shaar Murray und Charles R. Cross da eigentlich nichts zu wünschen übrig lassen. Das liest sich bei Theweleit/Höltschl immerhin konzis und elegant, sie können die sprechendsten Quellen auswählen, während es ihren Vorgängern noch um positivistische Faktensicherung ging. »Als ich mir Shapiro und Cross angesehen hab«, nickt er jetzt und verstaut seine Gitarre hinter dem Sofa, »habe ich schon gedacht, dass eine weitere Biographie eigentlich nicht nötig ist.« Allerdings könne man durchaus noch ein paar neue Schwerpunkte setzen. »Zum Beispiel fand ich immer die Hendrix-Texte ganz stark unterbewertet, also die Betonung des Lyrikers war uns wichtig. Das ist absolut ernst gemeint. Denn das ist ja bei ihm mehr als das herkömmliche Blues-Text-Schreiben, das steht in der großen amerikanischen Lyrik-Tradition etwa eines Walt Whitman, die er sich weiß der Geier wo angeeignet hat. Wie er mit seiner ganzen literarischen Unbildung dazu kommt, diese Sorte Text zu schreiben im freien Vers, finde ich ungeheuerlich.«

Drogen? Er nickt. »Das ist mir auch erst bei der Beschäftigung richtig klar geworden, dass es nach der New Yorker Zeit praktisch kein Konzert mehr ohne LSD gibt, dass also die ganze produktive Existenz auf Drogen gebaut ist. Mal abgesehen von den fünf Jahren on the road davor, damit die gitarristischen Hände alles können, und zwar im Schlaf können. Das ist das eine. Und das alles dreht sich dann noch eine Schraube weiter durch das Drogenlevel. Das war mir in diesem Ausmaß nur bekannt von Robert Crumb und seinen Underground-Comics. Crumb sagt, und das habe ich von ihm selbst gehört: Seine ganzen Erfindungen in den Underground-Comics sind alle unter LSD entstanden. Also Fritz the Cat, Mr. Natural und dieses ganze irre Universum, das da bei ihm auftaucht, sind LSD-Produktionen. Man weiß ja nicht, wie Hendrix das, wenn er nicht mit 27 gestorben wäre, durch- und ausgehalten hätte. Albert Hofmann, der Erfinder und Durchsetzer des LSD, ist damit ja über hundert Jahre alt geworden.«

Der hat sich das aber auch in Maßen und mit wissenschaftlicher Sorgfalt verabreicht, während man von Hendrix weiß, dass er es eingeworfen hat, als wären es Smarties. »Genau, mehrfache Dosen. Und während andere schon umgefallen sind, konnte er danach immer noch spielen. Und dann hat er ja, vor allem in den letzten beiden Lebensjahren, immer noch anderes Zeug dazu genommen. Also bei ihm kann man dann doch von Drogenmissbrauch reden am Ende, an dem er dann auch tatsächlich eingeht. Aber die ganze Produktivität des Song- und Textschreibens ist von LSD nicht zu trennen.«

Darüber hinaus führen Theweleit/Höltschl die zerrütteten Familienverhältnisse in Hendrix' Kindheit als Movens seiner Kreativität ins Feld. »Wiederhaben wollen, was man nie gehabt hat«, der Satz taucht refrainartig auf. Die frühkindliche Mangelsituation – ein gewalttätiger, vom Krieg mitgenommener Vater, eine saufende Mutter, die selten da ist und noch dazu früh stirbt – ist eben nicht nur Motor seines Ehrgeizes, sondern auch Ursache seiner artistischen Individuation.

»Wenn es bei ihm denn tatsächlich eine Mangelsituation war«, schränkt Theweleit ein. »Das ist einer der Einwände von Deleuze gegen Lacan. Er hat gesagt, es wird zu viel mit dem Mangel begründet, man soll lieber mit dem Überfluss argumentieren. Aus dem Mangel allein und seiner Kompensation kommt nicht unbedingt viel. Also bei Hitchcock habe ich das mal so beschrieben: Es muss zur Angst, die da ist, irgendeine Kindheitsangst muss bei ihm injiziert worden sein, die später bearbeitet wird in diesen Suspense-Geschichten, es muss also zur Angst zugleich eine bestimmte Art von Überfluss hinzukommen, Zuwendung der Mutter, der Jesuiten-Patres, oder wer ihn da sonst befeuert hat. Damit es geht. Wenn nur der Mangel da ist und nur die Kompensation, dann kommt meistens Krampf raus. Beim Gelingen braucht es auch eine starke positive Stimulation, die dann die Überwindungskraft freisetzt. Bei Hendrix ist das die ganze Frauenriege, seine Mutter Lucille, die Tante, Pflegemutter, Großmutter usw. Er hat immer ein paar um sich gehabt, die gesagt haben, du bist was ganz Tolles. Das ist wie eine Art Stammesfrauenschaft, die sich kümmert um den kleinen Körper.«

Die das ganze frühkindliche Elend aber doch nicht vergessen machen kann.

»Das Elend kann ja auch, wenn es einem nicht ganz schlecht dabei geht, sehr stimulierend sein, weil das eine bestimmte Lebendigkeit hat. Das ist ja die Einschränkung des Bürgerlichen, dass man da zwar eine gewisse Sicherheit hat, der Pflege, des Auskommens, aber andererseits auch eine Erfahrungslosigkeit. Während bei Hendrix immer was los war. Da fehlt das Geld, da ist Streit, da stimmt was nicht zwischen den Eltern, da gibt es Liebschaften, da erzählt diese Oma komische Geschichten von Gespenstern und Schamanen und so weiter. Das ist Befeuerung, wenn man nicht in diesem Elend zugrunde geht oder wie sein Bruder Leon zum Kleinkriminellen wird. Das ist eigentlich das Übliche.«

Was Theweleit/Höltschls Buch aber vor allem unterscheidet von einer »weiteren Hendrix-Biographie«, sind ihre spekulativen Teile. Dazu gehört zunächst einmal die Grundannahme, dass neue Technologien, wie sie etwa mit der Elektrifizierung des Pop seit Mitte der 50er Jahre virulent werden, sich in die Körper ihrer Hörer einmischen und sie verändern. Und jemand wie Hendrix, der die elektroakustischen Errungenschaften der Zeit wie kein zweiter integriert und, ja, tatsächlich instrumentalisiert hat, erreicht dabei folglich einen besonders hohen Wirkungsgrad.

Wie geht dieser »Körperumbau« nun vor sich? Strukturell funktioniert er ähnlich wie eine Psychotherapie. Theweleit/

Höltschl gehen aus von den Beobachtungen des Psychoanalytikers Thomas Ogden, der in Therapiegesprächen bemerkt hat, wie zwischen Therapeuten und Patienten »ein drittes Subjekt mit einem Eigenleben« entsteht, »vom analytischen Paar gemeinsam geschaffen«, und übertragen diesen Befund auf die Rezeptionssituation des Musikhörens: »Schallwellen eines Lautsprechers« treffen auf die Schwingungen des eigenen Körpers und verbinden sich »zu einer neuen Materialität im Raum«. Es entsteht also auch hier so etwas wie ein »dritter Körper«, der von beiden etwas enthält, von der Musik und vom eigenen Ich. So erklärt sich denn auch das Gefühl eines über sich Hinauswachsens im Moment, in dem die Musik einen wirklich ergreift.

Das ist Spekulation, wie Theweleit durchaus zugibt, fußt aber auf dem neuesten hirnphysiologischen Erkentnisstand. »Man darf zum Beispiel die Untersuchungen des Hirnforschers Wolf Singer nicht vergessen, wenn er die Zellschwingung misst mit 40 Hertz. Da kommt man dann zu etwas Messbarem im Raum, das man dann irgendwann mal experimentell schalten wird: also die Musikwellen aufnehmen, messen, welche Frequenz was mit dem Körper anstellt, das Gehirn verkabeln – dann wird sich auch das, was wir den ›dritten Körper‹ nennen, in irgendeiner Weise messbar darstellen. Da bin ich absolut sicher. Das ist keine Idee, das ist keine Metapher. Das ist der Kunstprozess, wie ich ihn verstehe. Es ist eben keine Rezeption, also dass da was kommt, und ich nehme es auf, nein, man tut was dazu – und es entsteht etwas Drittes. Aus dem nimmt man dann seine ästhetische Erfahrung mit, und die wirkt dann körperverändernd.«

Und man wird, ist sich Theweleit sicher, irgendwann auch Robert Jourdains Theorie (»Das wohltemperierte Gehirn. Wie Musik im Kopf entsteht und wirkt«, Heidelberg/Berlin 1998) messbar nachweisen können, »dass die musikalische Speicherung primär fleischlich-muskulär ist. Dass also hier, da und dort«, er markiert mit dem Zeigefinger ein paar willkürliche Punkte auf seiner Brust, »die musikalischen Reize reingehen, der Körper das ebendort speichert und ans Gehirn sendet, das dann wiederum diesen Reiz verbindet mit anderen Informationen: Was war los in dem Moment, mit wem habe ich das gehört, in welchen Betten, in welchen Häusern usw. Die Vorstellung also, dass die Musik gar nicht primär aufs Ohr trifft, sondern auf den ganzen Wahrnehmungsapparat der Haut, in erster Linie also taktil erfahrbar ist.« Was dann wiederum ein überzeugender Beleg dafür wäre, warum die amplifizierte, stärkeren Schalldruck erzeugende Musik in den 50ern eine so durchschlagende Wirkung haben musste.

Auch was die körperlichen Konsequenzen dieser Wahrnehmungsrevolution angeht, haben Theweleit/Höltschl ganz konkrete Vorstellungen. »In Hendrix' Musik verlöscht der Ideologie-Körper des zwanzigsten Jahrhunderts, der Gehorsamkeitskörper der faschistischen Blöcke wie auch der Zurichtungskörper der sozialistischen Überzeugungs-Garden.« Sie schafft einen »Übergang aus dem formierten Körper in einen individuell vibrierenden; drogengefährdet, hedonistisch, sexualisiert, kunstinfiziert, semitolerant, verantwortungsfrei. Rock ist die Musik, die ihn strukturiert; Hendrix-Musik seine eindringlichste wie schwebendste Verkörperung.« Die beiden haben keine Marshall-Wand im Rücken, aber das kracht doch auch so schon ganz hübsch im Gebälk.

Der hier beschriebene »Wachstumsunterricht« resultiere aus der spezifischen »transgressiven« Qualität des Hendrix-Sounds: seine Gegensätze harmonisierende, fließende, organische Weichheit; seine Assonanz zu »körperlichen Aggregatzuständen, ihren Wechseln, Schmelz-, Kondensations-, Sublimierungstemperaturen«; seinen psychedelischen, pantheistischen, spacigen, elektrischen Love'n'Peace-Impuls, der sowohl textlich als auch in der klanglichen Gestalt wirksam wird.

Spätestens hier kann man ein paar Fragezeichen setzen. Etwa inwieweit diese friedensstiftende Wirkung seiner Musik, dieser von ihr ausgehende »dynamisierte Tötungsunwille« nicht nur temporär, also während der Dauer einer Platte, eines Konzerts wirksam ist, sondern nachhaltig. Theweleit gibt zu, das »zur Zeit nur auf der Selbstbeobachtungsebene beweisen oder belegen« zu können. »Wenn ich überlege, was auf mich stärker gewirkt haben kann ... autoritäre Familie, relativ gewalttätiger Vater, der auf die Kinder eindrosch, wenn es nicht so lief, wie er wollte, von dem man natürlich auch ein Teil selbst hat, das eigene Cholerische. Mit der Erkenntnis, das steckt in einer bestimmten Weise in mir, stellt sich die Frage: Wie bearbeitet man das, wie wird man das los? Sowas wird man nicht los ohne Hilfen. Die massivste Hilfe sind Liebesverhältnisse, auf die man sich einlässt. Man wird entsprechend von der Frau zivilisiert, umgewandelt, wenn sie das mitmacht. Das andere sind die Künste. Film? Oft sehr gewalttätig, hat, würde ich sagen, nicht sehr pazifierend gewirkt. Literatur? Auch partiell gewalttätig, oft ideologisch. Also für mich war das in erster Linie die Musik. Elvis wurde nicht als gewalttätig wahrgenommen, sondern als Körperexplosion, in der Schule, mit 14 oder 15. Man konnte nicht mehr stillhalten, der Fuß begann zu zucken, das wuchs ein in den Körper. Aber die wirkliche Zivilisierungskraft kam mit der zweiten Welle, mit den Beatles, und Hendrix drehte das noch eine Umdrehung weiter. Zuerst war durchaus die Abwehr da. Ich erinnere mich genau, wie ich zum ersten Mal ›Star Spangled Banner‹ gehört und gedacht habe: Was macht der da? Der zieht einem die Haut ab. Aber nach mehrmaligem Hören drehte sich das um, und das war genau in der Phase, in der man über Gewalt diskutierte. Hat man mit der RAF zu tun? Geht man in so eine Gruppe? Wo man dann argumentierte, eigentlich ist es richtig, was die machen, diese imperialistischen Staaten müssen zerstört werden. Gegen die amerikanische Besatzung ist das erlaubt, im ganzen antikolonialistischen Kampf ist das erlaubt, das war gar keine Frage. Die Frage war nur, geht das auch hier? Und wir kamen dann zu dem Ergebnis, nein, das geht hier nicht, gerade aufgrund der faschistischen Geschichte muss man grundsätzlich auf Gewalt verzichten, und bei dieser Entscheidung spielte die Hendrix-Musik eine Riesenrolle. Die half, gab einem die Sicherheit, das zu entwickeln. Und das habe ich als haltbar erlebt. Da hat sich etwas bei mir im Körper umstrukturiert. Das, was bei mir immer da war, die cholerische Gewaltfähigkeit, hat sich gemildert.«

Aber könnte ein anderer Körper nicht auch ganz anders reagieren? »Absolut. Deshalb sage ich ja auch Selbstbeobachtung.« Dann fragt sich nur, wie repräsentativ das ist, was er wahrnimmt. »Überhaupt nicht.« Er lacht laut. »Naja, es wird wohl einige geben, die das so ähnlich sehen, manche trifft man ja auch. Bei Lesungen aus dem Fußballbuch zum Beispiel habe ich ganz viele Leute kennengelernt, die dann sagten, was du da beschreibst, das ist genau meine Biographie.«

In »Tor zur Welt« gibt es einen kleinen Exkurs zu den Anfängen seiner Schriftstellerei, der spart aber aus, wie er dann von der reinen Belletristik zu der jetzigen Hybrid-Form, dieser Wissenschaftspoesie gekommen ist. »Das hat angefangen mit dem Flugblattschreiben, obwohl das vielleicht merkwürdig klingt erstmal. Das ist auch so eine Mischform. Ich habe Gedichte und Theaterstücke geschrieben, Studentenbühne in Kiel gemacht, hab das alles weggeschmissen, genügte meinen Ansprüchen nicht. Was ich in dem Bereich so kannte, war alles besser. Mit der Politisierung der Studenten kam ich zu einem anderen Schreiben, das war eine schnelle Produktion, weil man diese Texte am nächsten Tag vor der Mensa verteilte, und sie musste die Leute erreichen. Es musste also interessant genug sein, es musste gut genug geschrieben sein, kurz, präzise, prägnant, wobei einem eine bestimmte Ausbildung in Lyrik entgegenkommt. Flugblätter haben ja ein bisschen was von Gedichten, wenn Sie einigermaßen gut gemacht sind. Und es musste stimmen, was da draufsteht. Sei es zum Vietnam-Krieg, sei es zu den Notstandsgesetzen, sei es zur Uni-Gesetzgebung, man musste sich da kundig machen, man musste Akten studieren, Zeitungen etc. etc. Und das ging dann weiter mit der Dissertation. Ich habe vorher drei Jahre Radio gemacht als freier Mitarbeiter, dann ein Graduiertenstipendium gekriegt, da war ich dreißig. Und der Anspruch ans Schreiben war da schon ein ganz anderer: Ich mache jetzt nicht so eine wissenschaftliche Arbeit. Man hatte schon Derrida im Kopf, Roland Barthes und diese Sachen, diese Mischung aus ästhetischem, kritischem und Wisser-Schreiben, wie ich es aus der Filmkritik kannte, das war das Ideal.«

Und diese entgrenzende, Genres sprengende, »transgressive« Qualität seines Schreibens ist dann offenbar auch das tertium comparationis zu Hendrix. Der Biograph sucht sich immer eine ihm gemäße Persönlichkeit – oder auch umgekehrt. Er nickt. »Und was wir im SDS gemacht haben, das ging in die gleiche Richtung. Das war ja nicht in erster Linie Widerstand gegen die Notstandsgesetze, das war Uni-Politik. Wir wollten andere Seminare, wir wollten andere Stoffe, wir wollten die ganze Popgeschichte integriert haben, wir wollten Trivialliteratur, wir wollten das Kino dabei haben – und wir haben das angeboten. Also innerhalb der Uni war das ständige Transgression. Wir haben Vorlesungen gesprengt, und als die Professoren sagten, wir machen keine mehr, haben wir das einfach übernommen, als Basisgruppe Germanistik haben wir Seminare angeboten und anders gelehrt.«

»Sehen Sie, und das will Götz Aly alles gar nicht wahrnehmen!«

»Nee«, er lacht versöhnlich, »der Blödmann.«

DYLAN IST EIN VERRÄTER

Kürzlich wurde Dylans »Like A Rolling Stone« von dieser einen traditionsreichen amerikanischen Musikzeitschrift zum besten Song aller Zeiten gewählt, und ihr deutscher Ableger hat das Votum – es soll dabei sogar mit rechten Dingen zugegangen sein – pollmäßig absolut bestätigt. Ein Freund beichtete mir daraufhin, naja, ihm habe »Volle Lotte« von den Rodgau Monotones immer irgendwie mehr zugesagt.

Greil Marcus, der derzeit wohl bekannteste lebende Musikkritiker, wurde auch gefragt, und er hat mit Sicherheit für Dylan gestimmt, für jenen Song, der aus dem guthriesken Hobo-Barden, den freewheelin' Folkie einen kernigen Rock'n'Roller gemacht hat – und das war sein heiliger, patriotischer Ernst. Sein neues Buch liefert gewissermaßen die Begründung nach. Es ist eine großangelegte, über 300-seitige Illumination dieses vieldeutigen »Monstrums«, das mit seiner sechsminütigen Laufzeit das erlaubte – nur halb so lange – Single-Format der Zeit sprengte, das den Radio-Sommer des Jahres 1965 beherrschte und vielen Angst einjagte, nicht zuletzt den alerten, quasi-angestellten Tin-Pan-Alley-Songschreibern, weil er ihnen schlagend vorführte, was ein Popsong auch können könnte, wenn man so einen denn schreiben könnte ... »Monstrum« aber vor allem auch deshalb, weil sich »Like A Rolling Stone« von seinem Schöpfer zu emanzipieren schien, zu einer autarken Song-Existenz wurde, die – so sieht es jedenfalls Marcus – beinahe mehr Kontrolle über Dylan ausübte, als der über sie. Das zeigt sich nicht zuletzt daran, dass Dylan nach der sagenumtobten Studio-Session, in die sich der Studiogitarrist Al Kooper eingeschmuggelt hatte, um dann als Keyboarder zu reüssieren und mit seinem Orgel-Riff dem Song endlich zum Stehen zu verhelfen, selten in der Lage war, ihn auf der Bühne adäquat zu reproduzieren. Marcus treibt eine ziemlich mächtige Herde Pathos durch die verwinkelten Straßen seiner Prosa, um das, was da passierte in New York am 16. Juni 1965 im Studio A von Columbia Records, ein für allemal als ein historisches Ereignis zu manifestieren, »das sich zu den anderen Ereignissen gesellte, die seine Zeit prägten«. Er meint nicht das »Ereignis seiner kommerziellen Veröffentlichung« und auch nicht »das Ereignis, das der Song darstellte, als er an die breite Öffentlichkeit gelangte«, sondern das »Ereignis des Dramas, das von der Darbietung an sich ausgelöst wird«. Er meint das inkommensurable, geschichtsträchtige, wirkungsmächtige Kunstwerk – denn nichts anderes ist dieser Song, schärft er hier ein. Warum sonst dieser fulminante exegetische Aufwand!

Auch wenn Marcus seine Methode nicht eigens theoretisch reflektiert und alles andere als stringent argumentiert, sein Fundament ist die Diskursanalyse. Oder aber pure Religiosität! Denn Zufälle gibt es in seinen Überlegungen ja nicht. In einem bestimmten historischen Kontinuum auftretende Analogien, Strukturähnlichkeiten und Korrespondenzen haben bei ihm immer etwas zu bedeuten – als säße da weiterhin ein Weltenlenker, der Hü und Hott auf Erden gar sinnvoll hingedeichselt hat. Mit anderen Worten: Greil Marcus produziert Sinn; dass dieser vielleicht nur nachträglich gemacht wurde und nicht einfach so, von vornherein existiert – diese Frage stellt sich ihm nie. Aber vielleicht darf man auch gar nicht so streng sein, sollte das alles eher als intellektuelles Spiel betrachten und seine Ausführungen einfach nach ihrer jeweiligen Evidenz beurteilen. Denn scharfsinnig ist das ja allemal, wenn er den historischen Kontext von 1965 skizziert – die Krawalle in Watts, dem schwarzen Ghetto von Los Angeles, die massiven Truppenverlegungen nach Vietnam, die ungebrochene Diskriminierung des schwarzen Amerikas und die zugleich aufkeimende, sich auf die alten Gründungsväter-Ideale berufende Protestbewegung –, und diese dann konstatierte Divergenz von Mythos und Realität in god's own country in »Like A Rolling Stone« aufspürt. Für ihn ist das ehemals so verteufelt ehrenwerte, selbstgefällige, alle Warnungen in den Wind pfeifende Mädchen, das nun von Dylan bitter-sarkastisch beschimpft wird, weil es seine Unschuld längst verloren hat bzw. weil es nie so unschuldig war, wie es immer tat, nicht zuletzt die Personifikation des zeitgenössischen Amerika: »Die Nation stand damals an einem Scheideweg, wo sie ihre Verheißungen von Freiheit und Gleichheit entweder beim Wort nehmen oder eingestehen musste, sogar sich selbst, dass diese Verheißungen Lügen waren ...«

Vielleicht nimmt ja ein ähnlich tickender Musikhistoriker dermaleinst den Stab auf und interpretiert der Nachwelt den Umstand, dass ausgerechnet in Zeiten, in denen über solche Vorhöllen wie Abu Ghraib oder Guantánamo Bay der stolze Sternenbanner flattert, dieses Lied auf Platz 1 der ewigen Bestenliste steht. Scheidewege, wohin man blickt ...

Marcus sagt es nicht explizit, aber es relativiert seine Lesart doch etwas, wenn er andere Interpretationen referiert und ihnen durchaus die gleiche Plausibilität einräumt: etwa die von »Rolling Stone«-Gründer Jann Wenner, der seine eigene Biographie in den Song hineinliest, oder die des Hendrix-Monographen David Henderson, der in Hendrix' Version auf dem Monterey Pop Festival dessen Metamorphose vom gelackten R&B-Entertainer zum Rock-Straßenköter sinnbildlich gespiegelt sieht. All das funktioniere deshalb so problemlos, weil man den Song, der ja schon wie ein Märchen beginnt (»Once upon a time ...«), »als Teil eines Mythos verstehen soll: als Teil einer Story, die größer ist als derjenige, der den Song singt, und größer als derjenige, der ihn sich anhört, einer Story, die bereits da war, bevor man geboren wurde, und die auch noch da sein wird, nachdem man gestorben ist.« Damit ist Greil Marcus wieder, wie in allen seinen Büchern irgendwann, beim alten, sagenhaften, beim »unheimlichen Amerika« angelangt – und es folgt die übliche nicht mehr referierbare, großartige, großsprecherische, ekstatische und bisweilen eben auch ziemlich absurde Journalistenpoesie, seine Zirkusnummer. Man spürt förmlich, wie der alte Mann sich noch von der eigenen Begeisterung hinreißen lassen kann, wie er selbst merkt, dass er einen Lauf hat. Dabei hat er hier auch durchaus luzide, wiewohl indirekt, das Strukturprinzip des Songs formuliert, um es mal profan zu sagen. Denn vermutlich ist »Like A Rolling Stone« ja auch deshalb so suggestiv, so identifikationsheischend und vieldeutig, weil Dylan hier ein archetypisches Muster, eine Grundkonstellation menschlichen Verhaltens und also auch einen steinalten Erzähltopos einmal mehr mit Leben füllt – dass er den auch noch in eine überwältigende akustische Form gießt, lassen wir hier mal außer Acht –: Es ist das Hybris-Motiv der antiken Tragödie (etwa bei Aischylos) oder auch der Bibel (die Todsünde »superbia«) oder des Sprichworts »Hochmut kommt vor dem Fall« ...

Das Buch schließt mit einer skrupulösen, minutiösen Beschreibung des Entstehungsprozesses des Songs im Studio – und das ist wieder einmal brillant. Zuvor interpretiert er noch den unmittelbaren Werkkontext, also die LP »Highway 61 Revisited«, und zeichnet mit viel Empathie die problematischen Live-Manifestationen nach, jene Tour, die beim puristischen Folk-Publikum in den Staaten und noch stärker in England auf einen Hass stieß, immer wenn die E-Gitarren eingestöpselt wurden, der heute kaum noch verständlich ist. Keith Butlers infamer »Judas!«-Ruf war da nur die Spitze der Sägezahnkurve. Und das war auch keine Äußerung im Affekt, wie später gern behauptet wurde, auch von ihm selbst. Draußen im Foyer begegnete er D. A. Pennebakers Filmcrew und klopfte noch ein weiteres Mal gewaltig auf den Busch: »Dylan ist ein Verräter. Er legt es darauf an, erschossen zu werden.«

Und dann stößt sich Greil Marcus wieder ab von seinem Gegenstand und schwebt davon in elysische Sphären, wenn er zwei vergleichbar auratische Songs, Dylans »Highlands« (1997) und »Go West«, das Village-People-Cover von den Pet Shop Boys (1993), wortreich überhöht, »Songs, die wirklich in dem Land stattfinden, das ›Like A Rolling Stone‹ erschließt – die der Spur folgen, die die Lebensweise hinterlässt, die der Song erfordert, die er verlangt: das Kappen aller Verbindungen. Die Zurückweisung jeglichen Komforts, ja sogar des eigenen Namens.« Aha.

Marcus' »Biographie« von »Like A Rolling Stone« ist bei allem gelegentlichen Obskurantismus ein blitzgescheites, gelehrsames und über weite Strecken schlicht spannend erzähltes Buch. Kein anderer hätte es schreiben können, jedenfalls hätte es keiner so schreiben können.

SWINGING SALZINGER

Vor fast 20 Jahren druckte eine kleine Kulturzeitschrift meinen ersten Artikel. Beifallheischend zeigte ich die Ausgabe den Kommilitonen, und einem sehr viel älteren Oberseminaristen fiel der Name eines anderen Beiträgers auf: Helmut Salzinger, das sei der Held seiner Jugend gewesen, erklärte er und schwärmte wortreich von einem Buch mit dem damals schon leicht abgestanden klingenden Titel »Rock Power«. Für die nächste Nummer hatte man nun jenen Helmut Salzinger gebeten, »Blattkritik« zu üben. Er ging also die letzten Ausgaben durch und monierte recht scharf die Angepasstheit und mangelnde Waghalsigkeit des Konzepts und nicht zuletzt der Autoren. Meine Textlette lieferte ihm ein Musterbeispiel für das, was er zu kritisieren hatte. Jetzt wollte ich doch gern genauer wissen, was dieser Salzinger eigentlich für einer war, besorgte mir »Rock Power« antiquarisch, las – und fand es zu meinem Ärger auch zwei Jahrzehnte nach seinem Erscheinen noch unangepasst, waghalsig, schlicht brillant.

Die USA hatten Lester Bangs, Richard Meltzer, Paul Williams, Greil Marcus etc. – Schriftsteller, die schon in den 60er Jahren Karrieren darauf aufbauten, dass sie über so etwas Triviales wie Rockmusik schrieben. In Deutschland fehlten die entsprechenden subsistenzsichernden Publikationsmöglichkeiten. Die Feuilletons der großen deutschsprachigen Tageszeitungen berichteten nur zaghaft und mit spitzen Fingern über die neue »Gegenkultur«. Das änderte sich erst Ende der 60er Jahre, und eine literarisch avancierte Popkritik begann nun auch hierzulande langsam Gestalt anzunehmen. Uwe Nettelbeck und vor allem Helmut Salzinger stehen für diese Entwicklung. Sie machten das junge Genre hoffähig.

Salzinger, frisch promoviert, aber schon angestunken vom Uni-Muff, beginnt Mitte der sechziger Jahre als freier Literaturkritiker für diverse Rundfunkanstalten und Zeitungen, nicht zuletzt die »Zeit«, zu schreiben, wird dann aber bald angefixt von der revoltehungrigen US-Counterculture. Sein Vorstoß, sich als Poplyriker in diese Tradition einzureihen, scheitert. »Das lange Gedicht« bleibt sein einziger Versuch: eine aufgesetzt delirante, Allen Ginsbergs »Howl« hinterherhechelnde Beschwörung der »lange erwarteten lange gefürchteten lange verhinderten lange schon fälligen revolution«, die er jetzt mithilfe »von heißen kreischenden jaulenden pfeifenden zischenden schnarrenden raschelnden schlürfenden gurgelnden sprechenden hustenden heulenden keuchenden krächzenden stöhnenden aufgedrehten überdrehten verstärkern« in die Tat umsetzen will. Es sind seine Konzertberichte, Platten- und Buchbesprechungen – Artikel über Jefferson Airplane, Grateful Dead, immer wieder Rolling Stones, Frank Zappa, The Fugs, Andy Warhol, Tom Wolfe, Rolf Dieter Brinkmann etc. –, die ihn bekannt machen. Salzinger erschreibt sich einen Ruf als Instanz für Popkultur und wird bald zu ihrem einflussreichsten Vermittler im bürgerlichen Mainstream, den er da schon längst verlassen hatte.

Dass sein Versuch, der Gegenkultur und ihrem linken Polit-Aktivismus in einem kulturkonservativen Medium wie der »Zeit« eine Stimme zu verleihen, nicht lange ohne Sanktionen bleiben würde, hätte er sich denken können. Und vielleicht hat er sich auch so etwas gedacht und wollte es nur bis zum Äußersten ausreizen. Ein paar Jahre später schreibt er dazu in »Swinging Benjamin«: »Das Kapital, in dessen Händen sich die Zeitung befindet, verkauft mit ihr nicht einfach eine Ware, sondern eine Ware, die seine Herrschaft rechtfertigt ... Er verfiele daher einer Illusion, sollte ein Autor mit der Möglichkeit rechnen, seine Auffassungen über die Notwendigkeit zu einer revolutionären Veränderung der Gesellschaft öfter als ein einziges Mal über die Zeitung zu verbreiten.«

Nun, ein bisschen öfter durfte er es schon verbreiten. Als er aber im Sommer 1970 in einem Artikel unverhohlen Werbung für Bootlegs macht und die Raubpresserei als emanzipatorischen Kampf gegen die Herrschaft der Kulturindustrie billigt, kommt es zum Bruch mit der Redaktion. Trotzdem bleibt es bemerkenswert, welche ideologischen Molotov-Cocktails er davor ins Blatt schmuggeln konnte. Etwa seine Besprechung von Jefferson Airplanes »Volunteers«. Das sei »schon deswegen ein gutes Album«, schreibt er in der regelmäßig von ihm belieferten Rubrik »Die neue Schallplatte«, »weil es die Widersprüche der bestehenden Gesellschaft bloßlegt. Die Revolution wird es nicht auslösen, aber es hilft mit, das Bestehende weiter zu unterhöhlen, wie auch das Scheitern von Frank Zappa, der MC 5 und der Stones mitgeholfen hat, das Bestehende soweit zu unterhöhlen, dass die Airplanes es schafften.« Nämlich sich gegen ihre Plattenfirma durchzusetzen, die das Album zensieren wollte – und zwar nicht die Agitprop-, sondern vielmehr die obszönen Stellen. »Merkwürdig, nicht? Revolution, ja, weil verkäuflich; Obszönität, nein, weil möglicherweise unverkäuflich. Solange sich mit der Revolution Geld machen lässt, wird damit Geld gemacht. Ob die Jefferson Airplane dadurch unglaubwürdig werden?«

Eben das ist die Frage, der sich Salzinger in größerem Maßstab in seiner fulminanten, die Szene maßgeblich beeinflussenden Essay-Bricolage »Rock Power« stellt. Er montiert hier vornehmlich fremde, aber auch eigene Texte, Zeitungsmeldungen, Magazinartikel, Lyrics zu einem vielstimmigen Dialog, zu einer Art Streitgespräch: Wieviel revolutionäres Potential besitzt die Pop-Musik denn überhaupt noch, wenn »das revolutionäre Engagement« bereits »Teil der Bühnenshow« ist?

Salzinger bemüht sich, die zeitgenössische Debatte zusammenzufassen und in den wichtigsten Positionen zu dokumentieren: die bornierte Reaktion des konservativen Bildungsbürgertums auf die »Negermusik« ebenso wie die gelungene

Vereinnahmung und also Domestizierung der revolutionären Attitüde durch den Markt; die daraus resultierende Grundsatzkritik der orthodoxen Linken und das hedonistische Revoluzzertum der Youth International Party, der »Yippies«, die nach eigener Aussage »die Politik der Neuen Linken mit einer psychedelischen Lebensweise verschmolzen« haben wollten und sich über die Attribute »Acid, lange Haare, verrückte Kleidung, Pot, Rock-Musik, Sex« identifizierten. Ihnen gehört Salzingers ganze Sympathie, und er hielt auch in seinem Auftreten nicht hinter dem Berg damit. Der später mit Salzinger eng befreundete Schriftsteller Klaus Modick hat ihn damals in einem Seminar erlebt. Er sei ihm »furchtbar arrogant« vorgekommen und etwas zu »zeitgeistig«: »Ganz in schwarz gekleidet, lange, bis zu den Schulterblättern reichende Haare, die wohl damals schon grau gesträhnt waren, randlose John-Lennon-Brille, über der Schulter eine dieser bunten, griechischen Hirtentäschchen. Aber was heißt schon ›zeitgeistig‹? So hatte man als radikaler Intellektueller bzw. intellektueller Radikaler – was er ja beides war und übrigens, im Gegensatz zu den Institutionenmarschierern, auch blieb – damals wohl auszusehen«.

Seinen Yippies jedenfalls traute Salzinger einschneidende gesellschaftliche Veränderungen zu – auch wenn er einräumen musste, dass die Revolution zumindest erstmal vertagt war und die Kulturindustrie sich eine goldene Nase an ihr verdiente: »Die Langhaarigen sind, auch wenn sie das selbst noch nicht wissen sollten, Revolutionäre, und ihre Musik, der momentan von den Feuilletonisten sämtlicher politischen Fraktionen als Konsumschund gescholtene Rock'n'Roll, bezeichnet, wie Jerry Rubin sagt, ›den Beginn der Revolution‹, was immer die Vergnügungsindustrie aus dieser Musik gemacht haben mag.«

Hier haben wir Salzingers Credo – es geht um die Unterwanderung des kapitalistischen Systems mit den Mitteln des

Systems. In »Swinging Benjamin« analysiert er genauer, auf der Grundlage der materialistischen Ästhetik Benjamins, unter welchen Bedingungen das möglich ist. »Rock Power« ist da noch eher als eine vertrauensbildende Maßnahme gemeint, ein halsstarriges Insistieren auf der Revolution und nicht zuletzt eine suggestive Werbung für die – erstmals von Abbie Hoffman so genannte – »Woodstock Nation«, das heißt für eine undogmatische, heitere, ironische und vor allem revolutionäre Lebensweise im Hier und Jetzt: »Woodstock Nation bedeutet Verweigerung, bedeutet Abkehr, bedeutet Subversion. Woodstock Nation bedeutet den Bruch mit der bestehenden Gesellschaft, mit ihren Gesetzen, Traditionen, Werten und Normen. Woodstock Nation bedeutet, daß einer nicht länger mitmacht, daß er aufhört zu tun, was ihm gesagt wird, und statt dessen so zu leben versucht, wie er es selbst für richtig hält. Woodstock Nation bedeutet den Versuch, Alternativen zum schlechten Bestehenden zu entwickeln und die Veränderung hier und jetzt in Angriff zu nehmen. Woodstock Nation bedeutet, die Lücken und Schwächen des Systems auszunutzen, wo und wann immer sich die Möglichkeit dazu ergibt. Woodstock Nation bedeutet, daß jeder für sich selbst, aber zusammen mit den anderen das System untergräbt, indem er sich all das nimmt, was ihm verweigert, und das tut, was ihm verboten wird. Woodstock Nation ist ein Vorgriff auf die befreite Gesellschaft, ist der Beginn der Revolution.«

Nach vier Jahrzehnten Abstand mutet es einigermaßen fremd, beinahe rührend an, mit welchem Ernst und welcher ehrlichen Inbrunst Salzinger immer wieder diskutiert, ob bei diesem oder jenem Konzert von den Stones, Fugs, Jefferson Airplane, Dylan, Hendrix, Byrds etc. nun echte revolutionäre Entschlossenheit im Spiel war – oder eben doch nur bloße Attitüde, geboren aus marktwirtschaftlichem Kalkül. Oder sogar beides. Aber man kann auch neidisch werden, wenn man hier noch einmal nachliest, welche gesellschaftliche Relevanz Popmusik und eben nicht zuletzt auch die Musikkritik einmal besessen hat. Vom intellektuellen resp. ästhetischen Anspruch sowieso ganz zu schweigen. Das ist doch Welten entfernt vom heute üblichen schnellfertigen Geschmacksfeuilletonismus oder dem sich immer stärker durchsetzenden leicht camouflierten Produktmarketing, das die zeitgenössische Popkritik zu dominieren droht – und mit Kritik eigentlich schon nichts mehr zu tun hat.

Ende der 60er Jahre zieht Salzinger aufs Land, zunächst ins niedersächsische Nartum, bald darauf nach Odisheim, und distanziert sich allmählich vom bürgerlichen Kulturbetrieb: »Aufgrund zunehmender Schwierigkeiten mit den Redaktionen«, wie er im kurzen Biogramm zu »Rock Power« festhält, »deren politische Natur sich nach und nach herausstellte.« Und wohl auch aus Enttäuschung über die eigene Wirkungslosigkeit. Nicht er und seinesgleichen veränderten die Kultur von innen heraus – der Betrieb korrumpierte sie. »Der Sog der Anpassung ist eben darum so übermächtig, weil er so überaus gesichtslos und und anspruchslos auftritt«, schreibt er an den befreundeten Fischer-Lektor Wolfgang Schuler. »Nur da diese kleine Bemerkung streichen, den Schlenker. Sicher, er ist ein Nichts. Aber dadurch, daß er weg soll, wird er zu etwas. Die Kritik ist nun einmal zu einem Dienstleistungsbetrieb geworden, und daß die Kritiker und alle sonstigen Beteiligten diese Tatsache mit Erfolg verdrängen, macht die Kritik für mich so überaus schwer, weil ich nämlich nicht gedenke, mich im Sinne dieser Branche verwursten zu lassen.«

Noch gibt er das große Yippie-Projekt nicht ganz auf. Und noch hat er auch ausreichend alternative Publikationsmöglichkeiten: das Magazin »Twen« etwa, die »Frankfurter Rundschau« und nach dem Bestseller-Erfolg von »Rock Power« schließlich auch »Sounds«, das sich unter seinem Einfluss vom reinen Musikmagazin zur tonangebenden Postille für linke Gegenkultur transformierte. »Wir waren ja ziemlich unbeleckt, wussten noch gar nicht richtig, was wir machen wollten«, räumt der ehemalige Herausgeber Jürgen Legath im Gespräch ein. »Da kam uns Salzinger gerade recht. Seinen Einfluss auf die thematische Ausrichtung des Hefts, gerade in der Anfangszeit, kann man gar nicht überschätzen.«

Beim »Sounds« findet er zumindest für zwei Jahre, 1973-1975, die Arbeitsbedingungen, die er sich wünscht. Und man räumt ihm genügend Platz ein: für Buch- und Plattenbesprechungen und nicht zuletzt für seine in der Szene bald bekannten »Jonas Überohr«-Kolumnen, die sich heute gesammelt als eine Art Langzeit-EKG der intellektuellen Erregungszustände jener Jahre lesen lassen.

Meinungsstark und sowohl theoretisch als auch literarisch auf hohem Niveau, hat er die zeitgenössischen Debatten jener Jahre aber nicht nur dokumentiert, sondern zugleich auch mitbestimmt. Er lässt zum Leidwesen des Drogen ablehnenden Herausgebers gleich in der ersten Kolumne eine Verteidigung Timothy Learys vom Stapel. »Ja, mit LSD kannte er sich gut aus«, erinnert sich Legath. Er schreibt einmal mehr über die kulturindustrielle Indienstnahme der Rockmusik und ihre daraus erwachsenden agitatorischen Chancen, über die Unterdrückung der nordamerikanischen Indianer, über linke Selbstermächtigung und die RAF, über die Ölkrise, über die Familie als kapitalistische Konditionierungsinstanz, über Frauenemanzipation – und bald auch über den totalen »Ausstieg« aus dieser heillosen Gesellschaft.

Nicht nur bei ihm verwandelte sich die kulturrevolutionäre Euphorie der 60er Jahre mit den Jahren und dem Ausbleiben konkreter Veränderungen allmählich in Desillusionierung. Salzinger war in diesem Punkt ein gar nicht so untypischer Repräsentant seiner Zeit, allerdings wusste er seinen Sinneswandel so scharfsinnig wie kaum ein anderer der Eskapisten-Fraktion theoretisch zu unterfüttern. Nicht zuletzt infolge der

Rezeption von Carlos Castanedas esoterisch-mythopoetischen Schriften schmolz er die revolutionäre Gesellschafts- in melancholische Zivilisationskritik mit radikalökologischem Einschlag um: »Die Befreiung, die heute von den Sozialisten angepeilt wird, ist viel zu kurz gezielt, weil sie die tieferen Ursachen der Unterdrückung, nämlich die Entfremdung von den natürlichen Lebensbedingungen des Menschen, vernachlässigt. Die wahre Befreiung wäre die von seiner Geschichte, wäre der Untergang des Menschen als eines historischen Wesens, mit dem er sich Eingang verschaffte in das geschichtslose Dasein, aus dem er gekommen ist. Erst dies wäre eine Sprengung des historischen Kontinuums, die Benjamin meint, wäre der Untergang der Menschheit, von dem er spricht, nämlich der Untergang der weißen Rasse als des Usurpatorengeschlechts, als das sie vom Beginn ihrer Geschichte an aufgetreten ist.«

Die gesellschaftliche Revolution setzt also zunächst mal eine fundamentale Revolution des Bewusstseins voraus, deren Ziel es nur sein kann, die Ursünde, das alles beherrschende Rationalitätsprinzip zurückzunehmen und den mythischen Urzustand wieder in Kraft zu setzen. Und aus dem Umstand, dass damit sobald nicht zu rechnen ist, zieht Salzinger ganz pragmatische Konsequenzen. Wie schon Henry David Thoreau, dessen Hauptwerk »Walden oder Leben in den Wäldern« Salzinger enthusiastisch bespricht, macht er nun wirklich Ernst mit seinem Ausstieg. Der urbane Intellektuelle, der einst die elektrische Revolution beschwor, betreibt seine systematische Auswilderung. Er versucht sich an einer Vorwegnahme des Paradieses im Kleinen, an einer einfachen, bodenständigen Existenz im Einklang mit der Natur. In seiner Kolumne zitiert er David Crosby, der erklärt hatte, »wenn es zu Blutvergießen auf der Straße« komme, dann haue er ab und gehe angeln. »Ich glaub, ich geh auch angeln.« Eine solide Erbschaft sorgte dafür, dass er sich den Spaß tatsächlich auch leisten konnte.

Der Waldläufer ist für die Popkultur verloren, und folglich äußert sich Salzinger in der Folgezeit nur noch sehr sporadisch dazu – und dann auch meistens rückblickend. So liefert er »75 Alternativübersetzungen« zum »Rolling Stones Songbuch« oder einen Katalogbeitrag zu einer Andy Warhol-Ausstellung. Er erlebt in dieser Zeit aber auch einige tiefe Enttäuschungen mit der gegenkulturellen Szene. Die politische Linke beschimpft ihn als Reaktionär. Und der Versuch, nach dem Vorbild von MC 5 oder Grateful Dead mit Musikern in einer Rock-Kommune zusammenzuleben, geht völlig in die Hose, weil die Gruppe sich bald als »hin und her flippender Haufen von Egomaniacs« herausstellt, der sich »zum alleinigen Zwecke des Schmarotzens zusammengefunden hat«, und Salzinger sie schließlich hinauswerfen muss. Nach diesen ernüchternden Erfahrungen zieht er einen Schlussstrich. »Für mich ist die Sache mit der Gegenkultur oder Alternativdingsbums erledigt«, schreibt er Trikont-Chef Achim Bergmann. »Ich habe damit nichts mehr zu tun, oder richtiger gesagt: Ich will damit nichts mehr zu tun haben. Ich widerrufe meine Hoffnungen.«

Späterhin nimmt er seine Distanzierung von der Subkultur teilweise wieder etwas zurück. In den frühen achtziger Jahren geht er sogar noch einmal in die Offensive mit dem »Head Farm«-Konzept, einem Hybrid aus Landkommune und Warholscher Factory, das sich mithilfe zweier Kopierer und durch den Aufbau alternativer Distributionsstrukturen von der Kulturindustrie zu emanzipieren sucht.

Unterm Strich scheitert auch dieses Projekt: »Ich dachte, es sei möglich, Energien verschiedener Leute zur Erreichung eines gemeinsamen Zwecks gewissermaßen zu bündeln, um so die Hürden zu überwinden, auf die der einzelne Autor und Künstler, besonders, wenn er aus unserer Ecke kommt, bei der Verbreitung seiner Arbeit trifft. Die Idee war schon recht, aber ich hatte doch meine Rechnung ohne die Kraft der widerstreitenden Egos, darunter sicherlich auch mein eigenes, gemacht. Es lief nicht oder lief nur zeitweilig. Oder es lief nicht so, wie ich das gehofft hatte.«

Immerhin, hier entstanden Salzingers selbstverlegte Gedicht- und Essaybände und über drei Jahre lang monatlich auch die »Falk«-Hefte (1984-1987), eine Zeitschrift für »alles Mögliche«, vornehmlich aber für ökologische, esoterische und literarische Themen, die zumindest idealiter im Kollektiv hergestellt wurde – meistens blieb die Arbeit dann aber doch bei Salzinger und seiner Frau Mo hängen. »Mo wird ja immer ganz falsch eingeschätzt«, weiß Peter Engstler, der Freund und Erbe des Nachlasses, der auch weiterhin fast das gesamte gedruckte Werk Salzingers lieferbar hält, »als so eine Art Küchenmamsell, die dafür gesorgt hat, dass was zu Essen auf dem Tisch stand, während sich Helmut und die anderen um die hehre Kultur gekümmert haben. Das ist völliger Quatsch, Mo war ganz wichtig für ihn. Da ging praktisch keine Zeile raus, die sie nicht abgesegnet hatte.«

»Falk« war zwar nie mehr als ein Underground-Magazin von begrenzter Reichweite, hat aber zumindest das grüne Selbstverständnis in den frühen Achtzigern mitgeprägt und strahlte gelegentlich sogar in die Feuilletons aus. Von den popkulturellen Entwicklungen der Zeit war das alles jedoch weit entfernt. 1981, im März-Heft des »Sounds«, versucht er sich noch ein letztes Mal als Jonas Überohr in die laufenden Popgeschäfte einzumischen – mit einer harschen Polemik gegen die »gefräßige Generation« der »jungen Achtziger«. Aber obwohl es zunächst so aussieht, als wolle er die neuen affirmativen Oppositionsstrategien des Post Punk diskutieren, etwa das von der Band Throbbing Gristle postulierte Konzept der »alien culture«, einer scheinbar angepassten, aber dennoch devianten »Gesellschaft mitten in der Gesellschaft«, lässt er sich darauf gar nicht ein. Es bleibt bei einer pauschalen Denunzierung des vermeintlich wohlfeilen popkulturellen Widerstands, der sich um die eigentlichen, nämlich ökologischen Probleme herumdrücke. Die einzige Revolution, um die es heute noch gehen könne, sei eine anti-konsumistische: mit anderen Worten Verzicht »auf so gut wie alles in dieser unserer Zivilisationsgesellschaft, was bloß zum Konsum hergestellt wird und zu seiner Herstellung Elektrizität verbraucht«. Am Ende des Artikels bedauert er, dass »die Alliierten seinerzeit nach der Niederlage Groß-Deutschlands darauf verzichteten, den sogenannten Morgenthau-Plan in die Tat umzusetzen. Hätten sie das gemacht, wir wären heute fein heraus. Deutschland wäre Ackerland mit ein bißchen Handwerk und Klein-Industrie, allenthalben wehte die gesunde Landluft, und wir liefen alle in Holzschuhen herum, und Schweißfüße gäb's nicht.«

»Sounds« veröffentlicht Salzingers eiferndes Öko-Bekenntnis mit einem redaktionellen Kästchen, in dem man sich deutlich davon distanziert. Der Text zeige, wie die Überlegungen »ehemals scharfsinniger und wichtiger Leute« allein »dadurch nicht nur antiquiert werden, sondern richtiggehend an der Sache vorbeischießen, ihr nicht mehr gerecht werden, weil sich eben diese Leute ›ausgeklinkt‹ haben.« Wer »sich entzieht, darf sich nicht wundern, wenn sich Entzugserscheinungen zeigen – auch auf dem Gebiet geistiger Auseinandersetzung.« Das war wohl nicht zuviel gesagt.

Salzingers Text über die »Greedy Generation« bildet dann auch den Schlusspunkt von »Rock um die Uhr«, seiner Sammlung »kleiner Schriften zur Musik und Gegenkultur«, die er im Jahr darauf im Selbstverlag erscheinen lässt. Das sollte wohl tatsächlich sein letztes Wort sein zu diesem Thema. War es aber nicht. Noch einmal holt er die Überohr-Fingerpuppe aus der alten Spielzeugkiste, für eine Selbstbesprechung des Buches in der »taz«. Abgeklärt und selbstironisch skizziert er in diesem hübschen Stück Metakritik seine intellektuelle Position in den 70er Jahren und gibt auch ganz offen zu, dass ihm irgendwann »die Felle weggeschwommen sind«. Ein würdigerer Abschluss war das allemal.

DER OBERSTE PARASIT

»Die meisten meiner Hörer halten mich fünf Jahre aus, dann wird es ihnen zu anstrengend, und sie ziehen sich auf ihre Plattensammlung zurück.« Aber dann kam eben die nächste Jugendbewegung, die von John Peel mit dem nötigen Stoff versorgt werden wollte, und die übernächste ... Die eingeschworenen Mittsiebziger-Progrocker, die seine Sendungen »The Perfumed Garden« und dann »Top Gear« verehrten und sogar einen Peel-Fan-Club gründeten, stieß er mit Punk vor den Kopf, die Lebensabschnitts-Irokesen brüskierte er mit Reggae, die New-Wave-Fraktion mit Grunge, die wiederum mit Rap etc. Am Ende war er beim Death Metal und Grindcore angelangt, holte sich mit seinem jüngsten Sohn Rippenprellungen bei den Knüppel-aus-dem-Sack-Veranstaltungen von Extreme Noise Terror und Napalm Death, konnte aber bei der Heimfahrt genauso gut an einer lokalen Folklore-Formation aus Simbabwe seine großen Ohren erwärmen – und am nächsten Tag in seiner Sendung die neueste Drum'n'Bass-Schaffe in den Äther klabautern. Als man ihm in den Neunzigern immer mehr von seiner Sendezeit beschnitt, weil jedes neue, oftmals von Peel entdeckte Subgenre gleich ein eigenes Spartenprogramm bekam, schrieb er seinem Chefredakteur einen langen Beschwerdebrief, der mit einer Art Glaubensbekenntnis endet: »Betrachten Sie meine Sendungen als eine Art Forschungslabor. Laut und nicht immer wohlriechend, aber gelegentlich doch die eine oder andere Formel hervorbringend, die sich vermarkten lässt. Vielen Dank für Ihre Aufmerksamkeit.«

Einen neugierigeren, undogmatischeren, offenherzigeren, toleranteren und dennoch nie indifferenten Plattenaufleger, der sich auch die trockene Häme nicht nehmen ließ, wenn es den Hörer vor Mistalben zu warnen galt, wird man wohl so schnell nicht mehr finden. Und so eine coole Sau am Mikro auch nur schwer. »Jemand hat letztes Jahr einen Anstecker herstellen lassen«, schreibt er in den »Memoiren des einflussreichsten DJs der Welt«. »Darauf war ein Bild von mir, und darunter stand: ›Right Time, Right Place, Wrong Speed.‹ Das hat mir gefallen. Da hatte jemand den Geist der Sendung erfasst, zumindest so, wie ich ihn sehe.«

Leider musste der gute Mann ja unbedingt im Spätsommer 2004 mit seiner Frau Sheila – »The Pig«, wie sie in seiner Privatterminologie hieß – nach Peru fliegen und von den Urlaubsstrapazen oder dem schlechten Tee da unten angekränkelt an einem Herzinfarkt sterben. Anstatt, wie es sich gehört hätte, entspannt und herzschonend, bei einem Darjeeling in seinem kleinen Häuschen in Suffolk die Memoiren fertigzuschreiben. Die brechen jetzt dummerweise genau am Ende seiner ziemlich interesse- und ziellos vereierten ersten Lebenshälfte ab – bevor John Robert Parker Ravenscroft seine Passion und bald eben auch Profession entdeckte und zu John Peel wurde, bevor er also aufs Schiff stieg und vor der Küste Englands mit dem Piratensender Radio London Rundfunkgeschichte schrieb bzw. sprach.

Sheila Ravenscroft führt im zweiten Teil, gestützt auf Briefe, Tagebücher und seine meistens komischen Kolumnen (für »Sounds« u. a.), die Biographie fort, erzählt von seiner anschließenden Rundfunkkarriere beim BBC, von seinen unzähligen DJ-Jobs auf Uni-Parties und Festivals, den Aufnahme-Sessions im heimischen Studio, seiner Freundschaft zu Marc Bolan und anderen Rock-Desperados etc. – und sie macht ihre Sache ganz gut. Aber nach der pointenreichen, abgeklärt-anekdotischen, einfach entspannt herumschlawinernden Prosa Peels fällt der zweite Teil doch deutlich ab. Zudem war er im Hause offensichtlich für die Witze zuständig. »Die erste Regel für den neuen Rekruten«, erinnert er sich etwa an seine Zeit beim Militär, »lautet: Gib nie zu, dass du irgendwelche speziellen Fähigkeiten hast ... Es reicht schon, einem Vorgesetzten gegenüber zuzugeben, dass man Fahrrad fahren kann, und schon ist man der Gelackmeierte:

›Kann irgendeiner von Euch Tröten Fahrrad fahren?‹

›Aber klar, Bombardier. Ich kann Fahrrad fahren.‹

›Na prima, dann schnappen Sie sich mal dieses ungewöhnlich schwere Paket, rennen rüber zur Unteroffiziersmesse, schleichen sich zur Kombüse und melden sich zum Kartoffelschälen.‹

So in etwa.«

Ihm gelingt es sogar noch, seiner Internats-Zeit, in der stupider Drill, ständige Misshandlungen und Vergewaltigungen dazugehörten wie der Napf Porridge zum Frühstück, ein paar komische Seiten abzutrotzen. (Und wer die von ihm geschilderte puerile Barbarei an der Shrewsbury-Kaderschmiede für übertrieben hält, der lese Michael Palins verbitterte Erinnerungen in »Python über Python« – der war im selben Internat und kann selbst nach all den Jahren noch nicht drüber lachen ...)

Man merkt Peels Diktion förmlich an, dass der Mann in sich selbst ruhte, weil bei ihm Anspruch und Realität mehr oder weniger zur Deckung kamen. Offenbar wollte er nie etwas anderes als Platten auflegen und dazwischen ein paar Kommentare abgeben und darüber hinaus peinliche Auftritte in der Öffentlichkeit möglichst umgehen – »allein schon, um zu vermeiden, dass der ›East Anglian‹ Wind davon bekommt und eine kurze Meldung mit der Überschrift ›Ein DJ kommt ins Rotieren‹ bringt«.

Diese Grundzufriedenheit macht ihn so souverän, feit ihn vor Dünkel und Ehrpusseligkeit. Der Aufzählung seiner Triumphe folgt denn auch untrüglich eine ironische Selbstverarsche, die das leicht nach oben verrückte Bild wieder gerade hängt. Und bei ihm wirken die üblichen Bescheidenheits- und

Demutsadressen nicht kokett, sondern absolut glaubwürdig, etwa wenn er sich einer »Kaste von Parasiten« subsumiert, die »weder kreativ noch produktiv« seien.

In einem gut sortierten Plattenladen, der obendrein eine große Auswahl seiner Peel-Sessions führt, gibt er sich einmal stolz einer Verkäuferin zu erkennen. »›Sie sind John Peel?‹, fragte sie atemlos. Ich schenkte ihr ein bescheidenes, von Grübchen umspieltes Lächeln und sagte, dies sei der Fall, woraufhin sie in Tränen ausbrach. Ob es sich dabei um Freudentränen oder Tränen der Enttäuschung handelte, wird mir ein ewiges Rätsel bleiben.«

WO WARST DU 1979?

»Where were you in '79 when the dam began to burst?«, fragt Peter »Biff« Byford von Saxon in »Denim And Leather«, diesem gesungenen Heavy-Metal-Einstellungstest. Und mit Argwohn und zurückgehaltenem Zorn, der jeden treffen wird, der sich widerrechtlich Zugang zum Metal-Elysium verschaffen will, prüft er den Anwärter auf Herz und Nacken. »Did you check us out down at the local show? / Were you wearing denim, wearing leather? / Did you run down to the front? / Did you queue for your ticket through the ice and snow?« Na, dann nur herein, mein Freund.

Punk war schon durch Ende der 70er Jahre und der musikalische Untergrund wieder ein paar Clubs weitergezogen. Die neue Avantgarde assimilierte den Hard Rock der frühen Jahre – von Led Zeppelin, Deep Purple, Grand Funk Railroad und vor allem Black Sabbath –, schöpfte aber auch noch das letzte Gramm Bluesschlacke ab. Das ergab urbanen, dreckigen, aber technisch kalkulierten und effizienten Lärm, gewissermaßen das akustische Äquivalent zur Fabrik. Und aus dem Industrieproletariat resp. Kleinbürgertum rekrutierte sich zunächst auch das Gros der Heavy-Metal-Klientel. Wie immer verschliefen die großen Firmen die Anfänge, die Szene musste sich selbst helfen, gründete Indielabels wie Music for Nations, Ebony Records oder Neat Records und brachte erprobte Club-Größen wie Raven, Diamond Head, Samson, Angel Witch, Witchfynder General usw. in die Plattenläden. Als dann 1979 ein Medienstreik in England die Promotionabteilungen der Plattenfirmen lahmlegte, und die Verkaufscharts ein paar Wochen tatsächlich mal ein Abbild des von Marketingbudgets unbeeinflussten Käuferverhaltens zeigten, wurden endlich auch die Major Labels wach. Sie taten, was sie immer tun, sie schöpften den Rahm ab und nahmen die kommerziell vielversprechendsten Exponenten unter Vertrag: Iron Maiden, Saxon, Def Leppard und einige andere. Noch im selben Jahr bekam das neue Genre von Geoff Martin im »Sounds« eine zugkräftige, leitartikeltaugliche Aufschrift – »New Wave Of British Heavy Metal«.

Was damals in diesem Genre-Kreativpool herumschwamm, war bereits so heterogen, dass die dann ab 1983 beginnende Ausdifferenzierung zumindest im Rückblick eine gewisse Folgerichtigkeit besaß. Auch wenn man die immerwährende Dynamik zwischen der Avantgarde- und Konsens-Kultur bedenkt: Heavy Metal war 1983 bereits dabei, im Mainstream anzukommen (in den USA erhöhte sich sein Anteil am Gesamtumsatz der Musikindustrie 1983/84 von 8 auf 20 %), und der Underground reagierte seinerseits darauf, indem er sich weiterentwickelte, spezialisierte, gewisse Merkmale expressiver ausformte.

Es gab zwar schon Raven, die mit ihrem hyperaktiven Geschredder bereits auf der Grenze des Genres entlanghetzten, und natürlich Motörhead, die noch vor der Konsolidierung der NWOBHM mit »Overkill« den Prototypen eines Thrash-Songs im Programm hatten. Es gab Venom, die das Motörhead-Konzept noch einmal forcierten durch musikalischen Dilettantismus und bitterböse Symbolik, und noch einige andere mehr. Aber einer Musik, die sich das Extreme auf die Kutte geschrieben hatte, war das Prinzip Steigerung nun mal wesenhaft. Und so zog man die Geschwindigkeit noch einmal an, gestaltete das Riffing militanter, vor allem die Schlaghand des Gitarristen war deutlich extensiver gefordert, das gesamte Notenaufkommen duplizierte, vervielfachte sich, nicht zuletzt das der Leadgitarre. Die Riff-Textur, Vocals, Soli – der Song als solcher emanzipierte sich von der klassischen Harmonielehre. Und auch die in der NWOBHM exponierte technische Akkuratesse wurde drangegeben zugunsten einer dirtyness, einer

Brutalo-Attitüde – in der man auch den US-Punk à la Misfits und Black Flag wiedererkennen konnte.

Das nannte man dann also Thrash Metal und lancierte es verkaufswirksam als Antwort der San Francisco Bay Area auf die Poser-Szene in L.A., also auf Bands wie Mötley Crüe, Ratt, W.A.S.P. und Konsorten, bei denen vor allem der Show- und Haarspray-Aspekt im Mittelpunkt stand. Aber so ganz stimmt das nicht. Das passierte alles mehr oder weniger gleichzeitig, Glam und Thrash Metal stellen bloß extreme Pole eines Genres dar, das unter dem Dachbegriff Heavy Metal mehr schlecht als recht, aber eine Weile eben doch zusammengehalten wurde: So war denn auch James Hetfield Anfang der 80er noch ganz selbstverständlich bei den Gigs von Mötley Crüe anzutreffen.

Metallicas Debütalbum »Kill 'Em All« markiert diese musikhistorische Gelenkstelle. Zum einen, weil das Album noch durch diverse Melodiebögen, Riff-Schemata, seine spieltechnische Exaktheit und durch die eher orthodoxe Intonation Hetfields der NWOBHM verpflichtet bleibt. Zum anderen, weil es schlicht das erste Album war, für das die Gattungsbezeichnung Heavy Metal offenkundig nicht mehr ausreichte. Das zweite Genrereferenzwerk, Slayers »Show No Mercy« erschien erst ein halbes Jahr – in dieser Phase der Beschleunigung: eine halbe Ewigkeit später. Und man hört dem Album auch an, dass es bereits auf »Kill 'Em All« reagiert, es zu überbieten versucht. Slayer haben mit der NWOBHM schon nicht mehr viel zu tun, genauso wie Exodus, die dritte Erz-Thrash-Band, deren Debüt »Bonded By Blood« sogar erst 1985 erscheint. Beide klingen weitaus gebolzter, undifferenzierter, verfumfeiter. Metallica gebührt aber nicht nur die Ehre, das Genre gestiftet zu haben, sie haben ihm, zumindest indirekt, auch den Namen gegeben: »Adrenalin starts to flow / You're thrashing all around« heißt es im Chorus von »Whiplash«.

Und so ging die Ausdifferenzierung, Diversifizierung, Genre-Atomisierung weiter und weiter. Irgendwann hatte fast jede Band seine ureigene Untergattung – aber so richtig interessierte das auch keinen mehr, was da nach »file under ...« stand, denn wer Heavy Metal hörte in den letzten Jahren und Jahrzehnten brauchte derlei Kategorien nicht, weil er sich sowieso auskannte. Wenn mit einer Musik kein Distinktionsgewinn mehr zu erzielen ist, hören sie nur noch die Die-hard-Connaisseurs. Das ändert sich gerade wieder. Nach der langen Nischen- und Ghetto-Existenz ist Heavy Metal plötzlich in all seinen absurden und extremen Sub-Sub-Subkategorien wieder Major-Label-tauglich. Das liegt nun nicht daran, dass besonders viel passiert wäre in den letzten Jahren, sondern daran, dass die Metal-Afficionados noch wissen, was sich gehört, und bezahlen, was sie hören wollen. Für die krisengebeutelte Musikindustrie ist Heavy Metal damit wieder von Belang – und plötzlich werden sie sogar vom Dickdenker-Feuilleton hofiert. Jüngst erst wieder die alten Thrash-Schlachtrösser Kreator, die seit Jahrzehnten ihr Ding machen und deren Alben die Redakteure des »Spex« vorher nicht mal mit der Kneifzange angefasst hätten. Biff Byford, dieser straßenweise HM-Philosoph, wusste es immer schon besser: »Denim and Leather / Brought us all together«.

SPIDERSCHWEINE

Der Himmel ist bedeckt, gelegentlich reißt die Wolkendecke auf. Genauso oft verwässert aber auch ein norddeutscher Nieselregen die Ankunftseuphorie, die ohnehin eher moderat ausfällt. Ein einschlägiger Podcast auf Wacken.com hatte tags zuvor etwas zu ausführlich die problematischen Bodenverhältnisse auf dem Festivalgelände geschildert. Nach all den Jahren, das Wacken Open Air findet heuer zum 18. Mal statt, weiß man sich hier jedoch zu helfen. Ein sehr tieffliegender Hubschrauber hat das stehende Wasser an die Peripherie gewirbelt – und für die übriggebliebene Matschepampe gibt es ja immer noch die lang erprobte Geheimwaffe: Die ortsansässigen Landwirte unter der Ägide von Großbauer Trede bringen einfach ein paar Scheunen Stroh auf dem Konzertgelände aus, diesmal noch ergänzt von einigen Kubikmetern Rindenmulch, und schon ist es wieder da, dieses anheimelnde Kuhstallambiente, das der W.O.A.-Angefixte kennt und schätzt. Schon bald riecht es auch danach ...

Die anwesende Heavy-Metal-Pilgergemeinde hat offenbar in summa den »Simpsons«-Film gesehen und sich als diesjährige Losung und Zusammenhalt stiftendes Symbol das »Spiderschwein« ausgeguckt. Schon am »Check-in-Point« wird zu allen passenden und in der Regel unpassenden Gelegenheiten diese Film-Szene singenderweise zitiert, man bekommt sie noch öfter zu hören in den folgenden drei Tagen, und nachmittags sieht man auch bereits die ersten »Spiderschwein«-T-Shirts. Ein Musterbeispiel für funktionierende Gruppendynamik – und dessen prompte kapitalistische Verwertung. Wer sich für Textil-Art der nicht so sublimen Sorte interessiert, wird hier sowieso fündig. Neben den vielen kunterbunten, martialischen, sexistischen Metal-Motiven, findet man kleine

Preziosen, die das eher scheel angesehene und nicht immer ganz zu unrecht als dumpf, provinziell verschriene Genre ironisch transzendieren. Eine geballte Faust mit der Unterschrift »Zahnfee« etwa – oder die Konfession auf dem Rücken eines Black-Metal-Hörers: »Ich trage schwarz, bis es was dunkleres gibt«.

Der mehrfach und zu recht preisgekrönte Doku-Film »Full Metal Village« hat die seit Jahren wachsende öffentliche Aufmerksamkeit für das Festival wohl noch einmal intensiviert, und so soll es anstatt der üblichen 50.000 Besucher diesmal um die 70.000 in das kleine schleswig-holsteinische Dorf verschlagen haben. Biff, der weißhaarige Frontman der Metal-Veteranen Saxon, macht am späten Abend sogar die 100.000 voll, aber das war wohl doch Wunschdenken – bzw. der zu mutwilligen Übertreibung anstiftenden Live-Situation und der genregemäßen Großsprecherei geschuldet. Dass es trotz der deutlichen Ausweitung des eigentlichen Festivalgeländes voller wirkte als in den Jahren zuvor, war jedoch offensichtlich. Kaum ein Durchkommen gab es für den, der sich in den späten Abendstunden des zweiten Tages an der galleschwarzen, bitterbösen Melancholie-Operette von Dimmu Borgir sattgesehen und -gehört hatte und dem Ex-Motörhead-Gitarristen Eddie Clarke und seiner Band Fastway, fast vergessen und für das Festival wiederauferstanden, in der kleinen Zeltbühne noch eine letzte Chance geben wollte. Die der dann allerdings mit einer verzagten, fast lethargischen Performance schmählich verspielte.

Reunions sind ja seit geraumer Zeit ein fester Programmpunkt auf dem Wacken Open Air. Man pflegt seine Tradition mit Respekt und Empathie und lässt die Altvorderen noch einmal, oft tatsächlich ein letztes Mal hochleben: in diesem Jahr konnten sich neben Fastway die Death-Metal-Inauguratoren Possessed, die ein solide gebolztes, komplett melodiefreies Set darbrachten, oder die immer noch kreglen, fingerfertigen Thrash-Stammväter Sacred Reich an den Ergebenheitsadressen des musikhistorisch gebildeten Publikums erfreuen. Und es war schon schön mitanzusehen, wie diesen alten Recken vor Rührung ein dicker Kloß im Hals saß.

Das ist vielleicht eines der Erfolgsrezepte des Festivals: Von Anfang an hat man vornehmlich die Addicts angesprochen und sich so ein Publikum mit der nötigen Kennerschaft herangezogen, das auf die ganz großen Namen gut und gerne verzichten kann. Auch in diesem Jahr haben sich die beiden Veranstalter Holger Hübner und Thomas Jensen nicht den Mainstream auf den Acker geholt, es spielen fast ausschließlich Bands aus der 2. und 3. Reihe und viele, viele junge Talente. Als Headliner zeichnen Blind Guardian, Iced Earth und Saxon, nur in den kommerziell weniger relevanten Subgenres Black, Death und Folk Metal ist man mit In Flames, Immortal, Dimmu Borgir und Subway To Sally wirklich hochkarätig besetzt. Überhaupt scheint sich erstmals beim Billing der Schwerpunkt vom True Metal, also jener klassischen Spielart, die als New Wave Of British Heavy Metal in den frühen Achtzigern gattungsprägend wurde, leicht zugunsten des Black Metal mit all seinen Derivaten verschoben zu haben. Aber letztlich kommt hier doch beinahe jede Untergattung zu ihrem Recht: der althergebrachte, noch vom Blues angeschmuddelte Hard Rock erfährt durch Rose Tattoo eine probate Interpretation, wird aber von den Jungspunden Gutbucket und The Answer noch einmal richtig hergenommen; wer Musik vonehmlich mit der Stoppuhr beurteilt, hatte viel Freude mit Napalm Death und Cannibal Corpse; Turbonegro brachten, live durchaus immer noch mit einigem Witz, ihre Glam-Rock-Persiflage unters Volk; und für genügend mittelalterlichen oder sonst wie paganen Zinnober war auch gesorgt, u. a. bei Falconer und Schandmaul. Unnötig zu sagen, dass hier jede Band mit Aufmerksamkeit überschüttet wird und die Connaisseurs dem jeweiligen musikalischen Werk mit einer Textsicherheit huldigen, die an religiöse Eiferei grenzt. Die Visual-Kei-Kinder von Dir En Grey, so eine Art Tokio Hotel für deprimierte Gothic-Primaner, fanden zwar nicht die Aufmerksamkeit, die sie aus ihrer Heimat Japan gewohnt sind, ein paar tausend juvenile Spezialisten demonstrierten ihnen aber doch, wie abendländische Gastfreundschaft aussieht.

Das ist denn auch die Grundlage für die Attraktivität des Festivals. Die in »Full Metal Village« beschriebene Idylle, dieses friedliche, tolerante und trotz Donner und Doria warmherzige und so gut wie gewaltfreie Nebeneinander entspricht schlicht der Wahrheit – und es ist in dieser Form auch nur möglich, weil die Dorfbevölkerung die aus aller Welt hier einfallenden bösen Mädchen und Buben mit offenen Armen und Herzen empfängt. Ja, sie verdienen auch etwas daran. Na und?

EIGENBLUTTHERAPIE

Neulich fragte ein freundlicher Redakteur, ob ich nicht gewillt sei, das mit Spannung erwartete Dylan-Album zu besprechen, wo ich doch gerade auf der Tour gewesen und dem Vernehmen nach gar nicht mal gänzlich enttäuscht worden sei. »Es war mein erstes Dylan-Konzert«, gab ich zu bedenken, »und ich fand die anschließende Diskussionrunde der sich spontan vor der Bühne zusammenfindenden Dylanforscher fast kurzweiliger. Außerdem muss ich aufpassen ...« »Worauf aufpassen?« »Dass ich nicht zu weich werde.«

So weich wie Chris Cornell zum Beispiel. Als im Sommer letzten Jahres ruchbar wurde, dass der für sein mittlerweile drittes Soloalbum eine Kollaboration mit Timbaland eingegangen sei, schlugen die Audioslave-Sympathisanten die Hände über den Kopf zusammen und die alten Soundgarden-Addicts fielen gleich ganz vom Glauben ab. Die erste Single »Long Gone« gab den schlimmsten Defätisten recht, und alle weiteren danach auch. »Scream« werden sich Cornell-Puristen also gar nicht mehr anhören – und recht daran tun. Gitarren sind quasi nicht vorhanden, und wenn, dann klingen sie genauso aseptisch wie die festplattengenerierten Electro-Sounds; dafür gibt es viel LoFi-Geblubber, -Gezirpe und -Gerausche, auch schon mal ein paar warme, Farfisa-simulierende Keyboard-Tupfer (auf dem hübsch perlenden »Time«) und massenhaft Chorus-Overdubs, um den alten Schreihals zum R&B-Goldkehlchen aufzupolieren, was dann auch fast gelingt. Zusammengehalten wird das von den üblichen verschleppten, unbedingt tanzbaren Hiphop-Beats. Da kann Cornell noch so sehr auf seinem integralen Anteil am Songwriting beharren, es ist ein Timbaland-Album geworden. Wer also noch so eins braucht, hier ist es! Wer lieber was von Cornell hören wollte, bleibt auf ein paar Stellen sitzen, in denen es seinem Produzenten mal nicht gelingt, auch noch das letzte Gran individueller stimmlicher Rabiatesse einzuseichen mit der kurrenten Pop-Schmierage, aber vermutlich ist auch das noch kalkuliert. »Long Gone«, »Scream« und »Climbing Up The Walls« fackeln zwar auch nicht gerade das Studio ab, aber wenigstens ein paar Mal rechtfertigt er hier die viel, zu viel versprechende Gewalttätigkeit des Covers.

Bei Straight Frank passen Inhalt und Verpackung besser zusammen, nämlich perfekt. »And We Walked By With A Bag Full Of Money ...« heißt ihr abgefeimtes, von vorne bis hinten durchkalkuliertes, dem AOR-Rock-Radio elf Jumbo-Portionen Puderzucker in den Arsch blasendes, schlicht grandioses Debüt, und wenn es in dieser Welt mal mit rechten Dingen zugeht, dann sollte der Titel eigentlich kein frommer Wunsch bleiben. Denn das ist eins dieser Pop-Hardrock-Alben, das sie alle mitpfeifen werden, und hinterher wills dann wieder keiner gewesen sein. Ein Debüt von Profis. Man merkt den Musikern bei jeder Note an, dass sie schon seit Jahren in der Stockholmer Szene professionell zugange sind, als Musiker, Produzenten, Songwriter, Toningenieur. Hier gibt es keine überflüssigen solistischen Pirouetten mehr, keine Experimente, keine halbgaren Aufgüsse, nichts Skizzen- oder Lückenhaftes, hier bleibt auch kein Raum für Interpretationen, das haben sie hinter sich, jetzt wollen sie Geld verdienen, richtig Asche machen. Straight Frank kombinieren in vier Dekaden Hardrockgeschichte wohlerprobte Riffmuster und Songstrukturen neu – aber das mit einer Findigkeit und lässigen Eleganz, die vielleicht doch mehr sind als gediegenes Handwerk, und sie hauen famose Hooks, Partybrüller, Grölrefrains und Knutschvorlagen in einer Frequenz raus, das einem das Herz aufgeht. Seit Europes »The Final Countdown« hat man nicht mehr so ingeniöse Kommerzkacke gehört.

The Answer haben AC/DC auf der diesjährigen Tour eröffnet, und das sagt eigentlich schon fast alles. Sie wollen schlicht so sein wie ihre Großeltern. Whiskeytrinkende, breitbeinige, altenglische Riffpauker mit dem großen Blues im Herzen, der sich nur mit der Marshall-Schrankwand in der guten Stube einigermaßen erdulden lässt. Aber an den untoten Originalen, Cream, Led Zep, Deep Purple usw., die ja auch noch gelegentlich über die Bretter wanken, ziehen sie spielend vorbei. Ihr zweites Album »Everyday Demons« ist die Eigenbluttherapie, die das Genre dringend nötig hatte. Das klingt einerseits authentisch nach altem Equipment, nach 16 Spuren und analoger Bandmaschine und trotzdem frisch, nassforsch, größenwahnsinnig. The Answer tun gerade so, als hätten sie's erfunden, und wenn Paul Mahon losbrät, dann kann Jimmy Page seine Pfanne getrost wieder einpacken, so blutig werden seine Steaks einfach nicht mehr. Noch dazu ist er absolut zitatsicher. Bei »Tonight« und »Dead Of The Night« verdoppelt er sich im Studio qua Overdub, um ein paar wackere Twin-Lead-Melodien zu schnüren, und wer diese ganz und gar nicht augenzwinkernde Hommage an Thin Lizzys eineiige Gitarrenzwillinge Scott Gorham und Brian Robertson nicht erkennt, der hat einfach noch was nachzuholen.

Nichts einfacher als das, denn mit »Still Dangerous« wird jetzt eine alte Konzertaufnahme von 1977 veröffentlicht, die das klassische Doppel noch einmal in seiner vollen Größe präsentiert. »Live And Dangerous«, das Teenagerleben rettende, kanonische Live-Album aus der Zeit war ja zwischenzeitlich etwas in Verschiss geraten, weil der Produzent Tony Visconti ausplauderte, was man ohnehin hätte wissen können und was spätestens in den Achtzigern, als der Authentizitäts-Imperativ abgewirtschaftet hatte, gängige Praxis wurde: man hatte im Studio nochmal anständig nachgebessert. »Still Dangerous« soll nun die Probe aufs Exempel sein, dass es auch ohne gegangen wäre. Ja, was denn sonst? Die Band weiß immer, was sie tut, klingt rund, hat Pfund, Phil Lynott seine Heroinsucht offenbar noch halbwegs unter Kontrolle, die Leadgitarren stinken nach Schwefel – es muss ein großartiger Abend gewesen sein. Und dass man »Soldier Of Fortune«, eine dieser weniger bekannten, nicht minder wunderbaren melancholischen Lynott-Hymnen, jetzt endlich mal live hören kann in einer drückenden, dichten, trotzdem punktgenauen Version, dafür darf, wer will, Scott Gorham, den spiritus rector des Unternehmens, in seine Gebete einschließen.

Und wo wir schon mal bei den ganz Großen des Gewerbes sind, muss man »Monster Philosophy«, das schon nicht mehr ganz aktuelle, aber sowieso zeitlose, geschichtsträchtige neue Album von D-A-D erwähnen, umso mehr, als die Band aus Dänemark in den nächsten Wochen hierzulande Missionsarbeit leisten wird, weil es ein paar Ungläubige eben immer und überall gibt. Jesper Binzer, mit seiner leicht gepressten, passionierten Charismatikerstimme steckt einmal mehr souverän seine Claims ab zwischen ironisch angeschrägter Paranoia und nordischem Schwermut, und sein Bruder, der wahre Jacob Binzer an der Leadgitarre, spielt alles, was sein muss, warme Salon-Jazz-Improvisationen, die Gesangsmelodie aufnehmende, erweiternde melancholische Country-Weisen, nachtschwarze Blues-Licks und – nur ein Tritt aufs Overdrive-Pedal entfernt – den bellenden, um sich beißenden Hardrock-Köter. Aus diesem Kontrastprogramm schlägt die Band das meiste Kapital, da wird zunächst mit großer Inbrunst eine Americana-Holzhütte gezimmert, die für die Ewigkeit gedacht scheint, und wenn sie erstmal steht, holen die Gebrüder Binzer sogleich ihre großen, scharfen Holzfäller-Äxte heraus und hauen alles wieder zu Klump, machen richtig Späne. So geht das fort und fort. Und von Album zu Album hört man ihnen wieder dabei zu – und kann das alles gar nicht recht fassen.

»Herrgott, dann schreib doch wieder deinen Schweinerock-Riemen«, sagte da resigniert der freundliche Redakteur. »Einen besseren für Dylan finde ich allemal.« Ist doch längst passiert, dachte ich, sagte jedoch nichts. Man soll das Schicksal nicht herausfordern. *(Wird fortgesetzt.)*

SCHMUTZIGE WÄSCHE

Als Slash mit Velvet Revolver am zweiten Album »Libertad« zu arbeiten beginnt, holt er sich im Fitnesscenter eine Zerrung und geht zum Arzt. »Er verordnete mir einige heilgymnastische Übungen und gab mir ein Fläschchen Vicodin mit. Ich wusste verdammt gut, was Vicodin ist und welche Wirkung es auf mich hat, aber vom Arzt verschrieben, schien es mir nicht nur okay, sondern tatsächlich nötig. Ich nahm das Zeug wie verschrieben, eine Tablette alle vier Stunden. Bald darauf waren es zwei alle vier Stunden, dann jede Stunde eine, dann alle fünfzehn Minuten – so ist das nun mal bei mir.«

Ja, so ist das bei ihm. Wer bis Seite 495 seiner »Autobiographie« durchgehalten hat, nimmt diesen Automatismus des Exzesses mit dem gleichen Achselzucken zur Kenntnis wie der Erzähler selber. Es ist das Gesetz der Serie, das bei ihm zur Anwendung kommt und das die Lektüre doch über weite Strecken zu einem langweiligen Unterfangen werden lässt, weil man das natürlich erwartet hat, weil man das schon so gut kennt – nicht zuletzt von Mötley Crües Bandbio »The Dirt«, die Slash hier augenscheinlich zu überbieten versucht – und weil es ihm und seinem Sidekick am dicken Füller, Anthony Bozza, nicht gelingt, die Wiederholungen so zu individualisieren und mit Details auszustaffieren, dass man mehr in ihnen lesen könnte als eben bloße Wiederholungen. Man merkt diesem dicken Buch allzu deutlich seine Entstehungsweise an. Die Grundlage waren ganz offensichtlich Gesprächsprotokolle, die Bozza ein bisschen stilistisch bearbeitet hat. Nur ein bisschen, denn der Text ist immer noch voller Redundanzen, Ungenauigkeiten und vor allem Weitschweifigkeiten, die nach oraler Diktion klingen und wohl auch so klingen sollen. Slash mimt den ungehobelten Burschen, dessen kriminelle

Energie schon als Kind pathologischen Züge annahm, den bedenkenlosen Outcast, der abgesehen von einer rudimentären, ganz pragmatischen Heckenpenner-Moral im Fach Werte und Normen nicht viel gelernt zu haben scheint – da verspricht solcherart Mündlichkeit wohl Straßencharme und Authentizität. Aber ein bisschen mehr Schliff und vor allem Kürzungen hätten dem Buch ganz gut getan, und vor allem hätte man die Roughness des Buches im Deutschen nicht noch einmal potenzieren müssen mit dieser schnellfertigen, immer wieder fehlerhaften Übersetzung. Slashs Rhythmusgitarrist bei Velvet Revolver heißt nicht David Kirschner, sondern Kushner, um nur mal einen Klopfer zu nennen. Das könnte übrigens auch ein Lektorat merken.

Man müsste gar nicht so viele Worte darüber verlieren, wenn das Buch nicht auch seine zweifelsfreien Qualitäten hätte. Denn zwischen der Selbstapotheose und seiner prononciert schonungslosen, durchaus schmutzige Wäsche waschenden Großtönerei vermittelt Slash immer wieder Einblicke in die Hierarchie, Funktionsweise und Soziodynamik einer Band, die sich innerhalb kürzester Zeit vom Insider-Tip zum Stadien füllenden Mainstream-Act entwickelte. Und vor allem beschreibt er ziemlich plastisch Zeit und Ort, die diesen Hype begünstigten. Heavy Metal, zumindest die toupierte Version davon, war Mitte der Achtziger auf einmal Top-ten-tauglich, Mötley Crüe verkauften sich millionenfach, und die A-&-R-Scouts suchten die L.A.-Sleaze-Szene argusäugig nach Nachfolgern ab. Und hier brodelte es. Die Chancen auf einen hochdotierten Major-Deal standen so gut wie nie, und so mutierte Los Angeles zu einer Art Versuchslabor, in dem praktisch jeder mal mit jedem jammte, um zu sehen, ob nicht etwas dabei heraussprang, das mehr war als die Summe der Teile. Diese kreative Reagenzglassituation spiegelt sich schon im Bandnamen Guns N' Roses, einer Kontamination aus

Hollywood Rose und L.A. Guns, der beiden Club-Größen, aus denen sich die Stammbesatzung rekrutierte. Das hin und her der Bandfindungs- und -gründungsphase ist denn auch entsprechend verworren, umso erstaunlicher, dass sich Slash noch relativ detailliert an all die Sessions und Proben erinnert, in denen sich langsam eine hochprozentige Rock'n'Roll-Band herausdestillierte. Und er weiß mit ansteckendem Enthusiasmus von dieser glücklichen Anfangsphase zu berichten, in der alle an einem Strang zogen, die Songs ihnen nur so zuflogen und alles noch ein riesiger Spaß war.

Hier kommen nun auch erstmals die harten Drogen ins Spiel. Man kann Slash kaum vorwerfen, dass er irgendwas verherrlicht, er zeigt den Alltag des Süchtlings in seiner ganzen Monotonie und morbiden Ennuyanz, redet aber auch die segnende Wirkung der Droge nicht klein. »Wenn wir Stoff auftrieben, schrieben Izzy und ich eine Menge Songs«, bekennt er, »weil Heroin damals ein großartiger Katalysator für uns war. Ich hielt es für die coolste Droge überhaupt, weil ich mich rundum wohl fühlte, wenn ich drauf war. Meine Hemmungen und meine Unsicherheit schmolzen dahin. Auf Smack war ich cool und voller Selbstvertrauen, sodass mir auch die Zusammenarbeit mit anderen leichter fiel. Kaum hatten wir uns was gedrückt, legten Izzy und ich los: Wir begannen zu jammen, arbeiteten Ideen aus, oder spielten uns zwanglos Riffs und Akkorde zu. Irgendetwas schien dabei immer rauszukommen, es wirkte alles so natürlich, so inspiriert.« Und bessere Songs als in dieser Zeit, in der »Appetite For Destruction« und etwa die Hälfte des »Use Your Illusion«- Materials entsteht, hat Slash denn auch kaum je wieder geschrieben.

Aber über kurz oder lang sind Drogen Zucker im Tank der Rock'n'Roll-Unterhaltungsmaschine, die in der zweiten Hälfte der 80er, nach dem leicht verspäteten, aber dann umso durchschlagenderen Erfolg ihres Debütalbums, ziemlich hochtourig zu laufen begann. Guns N' Roses spielten hunderte von

Konzerten in wenigen Jahre – und mehrmals musste Slash entziehen, um mithalten zu können. Denn wer dazu nicht in der Lage ist, wie der Schlagzeuger Steven Adler, bleibt auf der Strecke. Slash weint seinem ehemaligen Kombattanten mehr als eine Träne nach, aber er ist gleichzeitig auch überzeugter Business-Darwinist. Die Band hat zu funktionieren, wer das gefährdet, muss notwendig ausgetauscht werden.

Dieses protestantische Arbeitsethos ist dann auch einer der Gründe für den Split mit seiner Band. Dass sich W. Axl Rose zu einem offensichtlichen Psychopathen und Bonsai-Napoleon entwickelt, der die Band sukzessive unter seine Fuchtel zu bringen versucht, nimmt er solange hin, wie sich dessen Egotrip nicht auf seine Leistungen als Sänger und Frontman auswirkt. Erst als jede Show mit Verspätung anfängt, weil die Diva sich bitten lässt, seine cholerischen Ausfälle auf der Bühne skandalöse Formen annehmen und schließlich auch keine Zusammenarbeit an neuen Songs mehr möglich ist, gibt er auf.

Man kann es kaum glauben, zu welchen Zugeständnissen er bereit ist, um die Firma Guns N' Roses nicht in Gefahr zu bringen, aber andererseits passt es ganz gut zum Zustand der Unmündigkeit, in dem sich alle einrichten, der offenbar der Preis ist, wenn man als Musiker in dieser Preisklasse spielen will. Vor allem auf Tour regrediert die Band zu einem Haufen Kinder, die einfach nur spielen sollen, um alles andere kümmert sich schon jemand. Und jeden Morgen findet man sich beim Road Manager ein, um das Taschengeld für den Tag abzuholen. Slash scheint sich dabei gar nicht so unwohl zu fühlen, so selbstverständlich erzählt er von der permanenten Bevormundung. Und mehrmals beschreibt er zudem die Assimilationsschwierigkeiten, wenn er nach einer langen Tour nach Los Angeles zurückkehrt und sich selbst um die Bewältigung des Alltags kümmern muss. Ein echter Horror, der sich oft nur mit einer kleinen chemischen Belohnung durchstehen lässt. So ist das nun mal bei ihm.

NOCTURNISTEN UND ALLTAGSSPIONE

Die nette Taxifahrerin beschwert sich über den neuen Berliner Hauptbahnhof. »Kloppen da 'n Taj Mahal hin, aber Anfahrtsstraßen so breit wie Fußwege, dit passt doch nich.« Da hätten nun wer weiß wieviele Leute gemacht und geplant – und trotzdem könne man nur den Kopf schütteln. Sie schüttelt den Kopf. Und die versprochene Verdoppelung der Fahrgäste infolge der WM sei auch ausgeblieben, was sie sich gleich gedacht habe, die würden doch ohnehin alle mit Bussen angekarrt und nach dem Spiel gleich wieder aufgesammelt. Auch Einzelhandel, Gaststätten- und Hotelgewerbe klagten über die gerade mal zu 60% eingetroffenen Umsatzerwartungen. Na, immerhin scheine die Sonne!

Mit mosernden Berliner Taxifahrerinnen vergeht die Zeit schnell, und es ist ja auch kein langer Weg vom Bahnhof bis zum Prenzlauer Berg. Die genaue Adresse möge ich lieber nicht nennen, bittet man mich später: »Wir sind ja alle ziemlich menschenscheu!«

Es ist 11 Uhr 30, ich bin eine halbe Stunde zu früh, klingele trotzdem an der Hinterhoftür des Ateliers, das sich die vier menschenscheuen Comiczeichner Andreas Michalke, Fil, Reinhard Kleist und Mawil teilen. Mit den letzten beiden bin ich verabredet, aber keiner der vier hat es offensichtlich nötig, sich an die Staffelei zu setzen, bevor die Sonne im Zenit steht: Es macht niemand auf. Also schlendere ich zum Gemüse-Türken die Straßen hinunter und kaufe etwas Obst, Bananen und Nektarinen, um den beiden mit Vitamin C die Zunge zu lösen.

Fast gleichzeitig, Punkt zwölf, kommen Mawil und Kleist in die Einfahrt. Kurze Begrüßung. Wir gehen die Treppen hoch ins Atelier. Im kleinen Flur riecht es nach ungeputztem Klo. Der eigentliche Arbeitsraum ist groß, sehr hell, gemütlich verdreckt und vollgestellt mit alten Stühlen und Sesseln, Schreibtischen, Staffeleien und Regalen. Überall liegen Papiere, Stifte, Pinsel, Farbtöpfchen, Tintenfässer – und Comics. Palettenweise Comics. Nicht nur der hier residierenden Zeichner, sondern von Freund und Feind und Konkurrenz, nicht zuletzt aus dem Ausland.

Nach kurzer Aufwärmphase, in der ich die Nektarinen wasche und ein paar Beweisfotos mache, geht Kleist noch einmal hinunter, um Kaffee zu holen. Mawil, alias Markus Witzel, setzt sich zu mir an den Schreibtisch. Spätestens seit seinem zweiten, wie er selbst sagt: »abendfüllenden« Buch »Wir können ja Freunde bleiben« gehört er zu den »Stars« der jungen deutschen Comic-Szene.

»Naja, jedenfalls bei denen, die von den Zeitungen wahrgenommen werden«, gibt er bescheiden zurück. »Es gibt schon noch Leute, die fließbandmäßig irgendwelche Sachen machen und mehr verkaufen. Die ganzen Mangamädels verkaufen mehr.« »Mangamädels?« »Ja, das sind meistens Mädchen, 18, 19, 20 Jahre alt, und die hauen richtig raus. Die sind fest angestellt bei einem großen Verlag und zeichnen dann nur für den, ich weiß nicht genau, was die da verdienen, aber die Auflagen sind viel höher als unsere. Und dann gibt es noch die, die eher Kunstbücher machen, auch die sind vermutlich besser im Geschäft als wir. Anke Feuchtenberger zum Beispiel. Aber die Sachen, die wir gerade machen«, und er meint vor allem die Kollegen bei seinem Hausverlag Reprodukt, also Arne Bellstorf, Sascha Hommer, Line Hoven, aber etwa auch Uli Oesterle von Edition 52, »sind zumindest in der öffentlichen Wahrnehmung zur Zeit am erfolgreichsten.«

In diesem Umfeld scheint sich der in der jungen deutschen Szene seit Jahren zu beobachtende Trend zum autobiographischen Comic – mit besonderem Schwerpunkt auf Coming-of-Age-Geschichten – langsam zu verdichten. »Wobei ich immer ein bisschen skeptisch bin«, schränkt er abermals ein, »ob man gleich von einem Trend sprechen muss. Denn in unserem Fall sind das fünf, sechs Leute von den Kunsthochschulen Hamburg und Berlin, die ähnliche Sachen machen. Eigentlich ist das beschränkt auf Reprodukt und die beiden Kunsthochschulen. Ein bisschen übertrieben, da gleich von einem Trend zu sprechen. Aber ich sehe ein, dass man es leichter zu einem Thema machen kann, wenn sich das als Trend verkaufen lässt, und ich höre es auch gern, weil dadurch die Aufmerksamkeit für den deutschen Comic natürlich steigt. Es geht aufwärts. Eigentlich geht es schon seit den 70er, 80er Jahren aufwärts mit dem deutschen Comic, aber eben mühsam, in kleinen Schritten. Und langsam merkt man jetzt auch in der Öffentlichkeit: Es gibt Comics nach der Micky Maus.«

Allerdings darf man nicht vergessen, dass es sich hier immer noch um eine Independent-Szene handelt mit Auflagenzahlen, die Mawil nur verrät, weil ich ihm verspreche, sie nicht zu veröffentlichen. »Die großen Verlage Carlsen und Ehapa machen fast ausschließlich Mangas und ihre Klassikerausgaben. Es gibt vier, fünf kleine Verlage, Reprodukt, Schwarzer Turm, Edition 52, Kiki Post, von denen Reprodukt zur Zeit am meisten ernstzunehmen ist.«

Über die Ursachen dieser auffälligen inhaltlich-thematischen Parallelen lässt sich spekulieren. »Die Leute hatten«, glaubt Mawil, »lange genug fiktive Geschichten um Superhelden und sprechende lustige Tiere. Kann auch sein, dass die Autobiografie so eine Erscheinung der 90er ist. Gibts ja nich nur im Comic, dass jetzt plötzlich jeder mal was aus seinem Leben erzählen will, der nicht schon eine Persönlichkeit des öffentlichen Interesses ist.«

Jutta Harms, Comic-Promoterin nicht nur für Reprodukt und eine der besten Kennerinnen der jungen Szene, mit der ich tags zuvor gesprochen habe, sieht es ähnlich. »Coming-of-

Age-Geschichten boomen ja auch in der Belletristik, das liegt eventuell an den Bedürfnissen der Thirty- bis Fortysomethings, die sicher einen Großteil der Leserschaft ausmachen. Außerdem lesen Frauen zunehmend Comics, und die haben oftmals kein gesteigertes Interesse an Helden- oder Abenteuergeschichten. Ebensowenig wie an den herkömmlichen, für männliche Leser konzipierten Erotikcomics, Funnies etc.«

Sicher haben die großen, durchaus überraschenden Erfolge von Marjane Satrapis »Persepolis« und von Craig Thompsons »Blankets« die Aufmerksamkeit ebenfalls fokussiert. Mawil nickt. »Die deutsche Szene hat dieser Erfolg sicher angekurbelt. Für mich kam das als Einfluss zu spät, da hatte ich meine beiden ersten Bände schon draußen. Aber ich war auch hin und weg von Thompson. Mittlerweile sehe ich das alles etwas realistischer, lese auch ganz gern wieder Comics, die nicht ganz so kitschig sind.«

Womit wir bei der Frage nach den Einflüssen sind. Früher sei er schon stark von den klassischen frankobelgischen Funny- und Abenteuer-Comics beeindruckt gewesen, »weil die im Gegensatz zu den Superheldensachen eine Geschichte mit Hand und Fuß erzählen konnten. Die Zeichnungen wirken vielleicht etwas bieder gegenüber den Superhelden-Splash-Pages, aber das ganze ist einfach narrativer. Später kamen dann die Independent-Comics aus Frankreich und Amerika dazu, eigentlich fast alle auch autobiografisch oder mit Alltagskram beschäftigt. Lewis Trondheim, Craig Thompson, mein ewiger Klassiker bleibt jedoch ›I never liked you‹ von Chester Brown, den gabs auch mal auf deutsch. Zur Zeit schwärme ich wieder sehr für eine Abenteuer-Geschichte: ›Isaac der Pirat‹ von Christophe Blain, auf deutsch auch bei Reprodukt. Da musst du mal reinschauen. Könnte aus den 60ern sein, das klassische Abenteuer-Genre, aber doch näher am alltäglichen Leben.«

Comics gezeichnet hat Mawil schon immer. Professionalisiert hat er sich während seines Studiums an der Kunsthochschule Berlin-Weißensee. Er zeichnet nebenher für Fanzines, macht erste Illustrations-Jobs, publiziert im Selbstverlag. Eine Seminararbeit in seinem Studienfach Kommunikationsdesign antizipiert bereits seine spätere Kunst. »Alltagsspionage« heißen, ziemlich treffend, diese zusammen mit fünf Kommilitonen gezeichneten, später auch als Privatdruck (monogatari, 2001) erschienenen »Comicreportagen aus Berlin«. Mawils Beitrag »Wie wir uns mal ne 3er WG suchen wollten« ist hart dran an der Realität, wirkt in seiner schnellen, etwas unordentlichen Skizzenhaftigkeit fast schon wie live mitgezeichnet. Das wird seine originäre Handschrift bleiben, diese immer etwas hektischen, eckig-eigenwilligen, mit einem weichen Bleistift (Staedtler 2B!) hingehauenen und dann am Computer korrigierten, vor allem schattierten Alltagsszenarios. Wirklichkeitsausrisse, die ihre Authentizität durch die Geschichte und nicht durch den naturalistischen Strich verbürgen. »Das ist einerseits Faulheit, andererseits Liebe zu diesem Stil. Ich stand halt früher auf die sauber geinkten schwungvollen Pinsel-Tusche-Zeichnungen, inzwischen mag ich eher kratzige, unbeholfene Zeichnungen von Leuten, die sich abmühen. Diesen ein bisschen naiven Stil. Diese Bilder wirken trotzdem lebendiger, als die von Zeichnern, die nur Effekthascherei betreiben.«

Sich selbst situiert er »zwischen der Kunsthochschul-Comicszene und der Fanzine-Undergroundszene«. Er kennt und hat beides mitgemacht – und fühlt sich jetzt ganz wohl zwischen den Stühlen. »An dem Kunst-Comic-Zeug mag ich nicht, wenn da Blumfeld-mäßig Poesie gemacht wird nach dem Motto ›mir doch egal wenn das keiner von den Prolls versteht, is halt Kunst‹. Und an den Undergroundleuten mag ich nicht, wenn die da was runterrotzen nach dem Motto ›mir doch egal, wenn das keiner von den Spießern versteht, is halt Punkrock‹. Von daher fühle ich mich manchmal fast schon eher zum Mainstream hingezogen, also was die allgemeine Konsumierbarkeit oder Verständlichkeit angeht.«

Bei seiner Diplomarbeit »Wir können ja Freunde bleiben«, die nicht nur mit sehr gut bewertet, sondern auch mit dem Icom-Independent-Comic-Preis ausgezeichnet wurde und nominiert war für den Max-&-Moritz- und Sondermann-Preis 2004, stellt er erstmals seine narrativen Qualitäten voll unter Beweis. Schon sein Vorgänger »Beach Safari« (Schwarzer Turm, 2002), ein Funny-Comic mit seinem notorischen Strip-Helden Supa-Hasi, besticht durch authentische, witzige Dialoge, die immer wieder leicht von Melancholie verschattet werden. Hier kehren sich die Verhältnisse um: Eine leicht angekitschte, anrührende, bluesige Wehmut liefert die Grundstimmung dieser vier Geschichten über die typischen puerilen Probleme mit dem anderen Geschlecht – und der Witz ist hier in erster Linie ein Kontrapunkt und emotionaler Blitzableiter. Viermal bekommt der Erzähler, der mit dem Autor Markus Witzel einige Ähnlichkeit zu haben scheint, eine Abfuhr, und viermal macht er keine gute Figur dabei. Die erste Kommunionsliebe himmelt er nur von Ferne an, wagt erst gar nicht sie anzusprechen. Der zweiten überreicht er einen Blumenstrauß, wird dann aber auf einer Party beiseite genommen – und es fällt die titelgebende Wortblase. Bei der letzten Geschichte hat man beinahe den Eindruck, es könnte klappen, aber dann klopft seine Vollblut-Spanierin mitten in der Nacht an die Tür. »We have to talk!« Talk? Ach, man ahnt schon wieder was ... Zusammengehalten und gerahmt werden diese Stories durch eine Kneipenrunde mit Freunden, denen er seine wenig schmeichelhaften Frauengeschichten noch einmal detailliert beichtet, obgleich sie die eigentlich längst kennen müssten.

Sein Nachfolger-Album hat den gleichen nostalgieseligen, persönlichen, aber ganz unpeinlichen Ton. »Die Band« ist eine warmherzige Reminiszenz an die gute alte, dabei noch gar nicht so lange zurückliegende Zeit als Bassist bei der Schülerband Tine Melk. Und auch hier macht sich positiv bemerkbar, dass Mawil das alles selbst erlebt hat, so authentisch und souverän erzählt er da von den Problemen beim Stimmen der Gitarre, der Qual der Wahl des richtigen Instruments, der Peinlichkeit des Antestens im Musikaliengeschäft, wenn man eigentlich gar nichts kann, vom nicht minder unangenehmen Gesangsmikrocheck vor Auftritten, dem miesen Bühnendsound, den Streitereien untereinander, den Kommunikationsproblemen der Autodidakten beim Songwriting, den Rausschmissen, dem wiederkehrenden Frust nach wieder einmal »verkackten« Konzerten und den immer mitlaufenden Frauengeschichten. Aber er besingt eben auch angemessen sentimentreich jene magischen Augenblicke, die das alles vergessen machen, dieses Glücksgefühl, wenn ein paar Freunde an einem Strang ziehen – und es klappt. Trotz der vielen, witzigen selbstironischen Brechungen liegt das rosarote Pathos fingerdick auf diesen Erinnerungen. Dass es einen nie unangenehm ankommt, liegt wohl vor allem daran, dass man Mawil das alles eins zu eins abnimmt. Bis heute bedauert er, dass er keine Musik mehr macht. »Aber du bist doch jetztn berühmter Comiczeichner«, schallt es aus dem Telefonhörer auf dem Selbstporträt des Umschlags, und er antwortet: »Jaa ... aber das is nich dasselbe!«

Zumindest ist er gut im Geschäft. Bis vor kurzem hatte er in der »Welt kompakt« einen täglichen Strip – und jetzt räumt ihm der »Tagesspiegel« regelmäßig eine Viertelseite ein.

Und was ist für die Zukunft geplant? »Ich würde schon ganz gern nochmal einen täglichen Strip zeichnen, möglichst mit einem freieren Thema und bei einer größeren Zeitung oder bei einer Zeitung, die man auch in meinem Freundeskreis liest.« Und wie steht es mit Büchern? Er wiegt fast ein wenig schuldbewusst den Kopf. »Ja, ich müsste mal wieder was längeres machen ... Im Herbst!«

Unterdessen ist Reinhard Kleist mit zwei Bechern Kaffee wiedergekommen. Einen hat er mir nickend hingestellt. Jetzt nimmt er Mawils Platz ein, der sich an seine Staffelei setzt und im »Tagespiegel« blättert. Die beiden sind in verschiedener Hinsicht Antipoden. Während Mawil sich beim Sprechen förmlich überschlägt und immer wieder selbst zur Ruhe zwingen muss – man lese dazu die kleine, wunderschöne Variation übers »Stottern« in dem Comic-Magazin »flitter« –, ist Kleist die Gelassenheit selbst. Er spricht zurückhaltend, freundlich und in gleichmäßigem Tempo. Und sein Stil wirkt fast wie eine ästhetische Verlängerung dieses Habitus. Während bei Mawil das Erzähltalent überwiegt, ist Kleist zuallererst Maler. Sein Stil tendiert zum opulenten, detailversessenen, realistisch-cineastischen Einzelbild. Zuletzt etwa zu bewundern in den ersten beiden Bänden der »Berlinoir«-Trilogie, »Scherbenmund« und »Mord!«, einer vom Berliner Autor Tobias O. Meißner erdachten, ebenso komplexen wie anspielungsreichen Vampir-Saga. Die »Nocturnisten« haben in Berlin einen diktatorischen, allerdings gut funktionierenden Wohlfahrtsstaat errichtet, die Bevölkerung spendet regelmäßig Blut und wird dafür in Ruhe gelassen. Nur wer den gesellschaftlichen Aufstieg will, muss sich beißen lassen. Aber es regt sich Widerstand, im Untergrund kämpfen Niall und seine Leute, mit Armbrust, Holzpflock und plebejischem Freiheitsdrang, denn diese Blutsauger-Variation will ja auch als politische Parabel gelesen werden. Der Comic besticht vor allem durch die wohldurchdachte, dichte, von Kleist virtuos ins Bild gesetzte Szenerie. Nicht zuletzt die Stadtansichten Berlinoirs, dieses Schattenwelt-Berlins sind von ungemeiner Suggestivität.

»Deshalb wollte ich das auch unbedingt machen. Das war nicht allein die Geschichte, die mich gereizt hat, sondern die Möglichkeit, sich solche irren Stadtlandschaften auszumalen, das vollzuknallen mit Hochhäusern, in denen sich Vampire wohlfühlen könnten, und zwischendrin steht da der Fernsehturm, also trotzdem das jetzige Berlin nicht aus den Augen zu verlieren. Die Art, wie ich Bilder entwickele, ist eher filmisch. Immer wenn ich die Umsetzung einer Geschichte in Bildern mache, denke ich eigentlich in Filmen. Filme sind viel größere Vorbilder, als es Comics je sein könnten. Letztes Jahr habe ich auch an einem mitgearbeitet, ›Mondscheinkinder‹, der kommt dieses Jahr noch in die Kinos.« »Was hast du da gemacht?« »Charakterentwicklung, Hintergründe – und auch ein paar story-boards, aber da rede ich nicht gern drüber.« Weil so wenig von ihm drin geblieben ist – wie üblich.

Kleists Illustrationen sind gefragt, nicht zuletzt bei Werbeagenturen, die ihm eine zeitlang die Subsistenz sicherten, aber auch bei Plattenfirmen und Verlagen. So stammen ein paar hinreißende Buchcover der Edition Phantasia von ihm. Später gibt er zu, dass er mit den Originalen der Comics mehr Geld verdient als mit den gedruckten Werken, und zeigt mir zur Bestätigung ein DIN-A3-Aquarell, eine Seite aus »Scherbenmund«. Kleist arbeitet fast ausschließlich mit dem Pinsel. Sogar bei den schwarz-weißen Tintenzeichnungen seiner demnächst erscheinenden Johnny-Cash-Biographie »Cash – I see a darkness« verwendet er einen dünnen Haarpinsel – Nummer 1!

Den »Cash« hat er selbst getextet, das ist noch eher die Ausnahme. Er arbeitet gern mit einem Autor zusammen. Am Anfang mit Roland Hueve: bei der Oscar-Wilde-Adaption »Dorian« und bei seinem Comic-Debüt »Lovecraft«, dieser assoziativen, brillanten Übertragung Lovecraftscher Horror-Phantasmagorien, die gleich mit dem Max-&-Moritz-Preis ausgezeichnet wurde – was ihm damals den Status eines Wunderkindes einbrachte.

»Das hat wahnsinnig viel Spaß gemacht, weil wir uns die Texte im pingpong hin- und hergeschickt haben.« Die Zusammenarbeit mit Tobias O. Meißner lief ganz anders. »Der sitzt zu Hause in der Kammer, macht das fertig, schickt mir das zu und sagt: Take it or leave it. Ich habe mir das durchgelesen und wollte es ihm eigentlich schon wieder zurückgeben, aber dann habe ich mich doch drangesetzt und mich benommen wie die Axt im Walde – und habe dann so eine Art Hollywoodverfilmung drausgemacht.« Er lacht, als hätte er gerade etwas ganz Ungehöriges gesagt. »Seine erste Version war mir viel zu künstlerisch, ich wollte etwas mehr Action. Zum Beispiel die Verfolgungsjagd zum Schluss, die habe ich reingeschrieben. Wenn der Cash jetzt endlich fertig ist, will ich noch den dritten Teil machen. Da werde ich alle Interessierten noch eine Weile auf die Folter spannen müssen, aber den dritten Teil will ich in jedem Fall noch machen.«

Ich frage ihn, warum er bei »Cash« auf einen Szenaristen verzichtet hat. »Ich habe eigentlich immer gedacht, dass ich unfähig wäre, einen vernünftigen Dialog zu schreiben. Aber bevor ich Cash angefangen habe, habe ich einen Sammelband gemacht mit Coney-Island-Geschichten – der ist noch nicht raus, der liegt noch in der Pipeline –, und da habe ich schon gemerkt, dass ich das kann. Bei Cash habe ich lange überlegt, ob ich noch einen Texter frage, und dann habe ich mir gedacht, ich mach das jetzt alles selber, einfach mal reinhauen, und das hat ganz gut geklappt.«

Er war schon lange vorher durch einen Freund Cash-infiziert, hat dann konkret zur Vorbereitung ein paar Biografien gelesen – »und da habe ich mir einfach die besten Geschichten rausgesucht. Ich weiß, dass die wahrscheinlich so nicht passiert sind, aber es sind einfach gute Geschichten.«

Der Comic sei zwar als Biographie angelegt gewesen. »Aber als ich mich mit dem Stoff beschäftigt habe, habe ich schnell bemerkt, ich schaffe nur einen Teil. Ich beginne jetzt bei der ersten Kindheitserinnerung und höre auf mit dem Folsom Prison-Konzert – und mache im Anhang noch etwas zum alten Cash. Und dann musste ich mit Entsetzen feststellen, als der Film herauskam, dass er genau das gleiche macht.« Er lacht. »Naja, der Film geht doch ganz anders an die Sache heran. Ich habe eine Distanzebene gefunden, indem ich einen Erzähler eingebaut habe, diesen Glen Shirley, von dem

Cash einen Song gecovert hat während des Konzerts und der dadurch aus dem Knast herausgekommen ist. Das ist wohl auch ein sehr großer Teil Legendenbildung, die ich aber gerne unterstütze. Angeblich hat Shirley einen Song über Tonband aus dem Knast herausgeschmuggelt und Cash ihn am Abend vorher mit der Band eingeübt, und später hat sich Cash dann für ihn eingesetzt.«

Wirklich autobiographisch arbeitet Kleist eher selten. Er braucht einen Stoff, den er recherchieren, mit dem er sich auseinandersetzen muss, bevor er ihn sich graphisch anverwandelt. Selbst bei »Fucked« – »das ist schon ein Buch, in dem ich einen Teil meines Lebens verarbeitet habe«, nämlich seine exzessive Techno-Punk-Vergangenheit – gibt es einen doppelten Boden, spielt er mit literarischen Verweisen auf die Siegfried-Sage. Und es muss dann auch wenigstens der Potsdamer Platz in die Luft fliegen! »An dem Teil habe ich nicht lange gearbeitet, was man ihm auch ansieht. Das lag daran, dass ich vor lauter Feiern nicht mehr zum Arbeiten gekommen bin.«

Früher hat er sich eher mit literarischen Stoffen beschäftigt – von Klassikern wie Oscar Wilde und immer wieder H.P. Lovecraft, aber auch von zeitgenössichen Autoren wie Katherine Dunn, Kevin Baker und Clive Barker. »In Zukunft möchte ich eigentlich mehr über Musik machen, Geschichten in einem bestimmten musikalischen Kosmos spielen lassen«. Morrissey könnte er sich als Hallraum vorstellen. Oder auch Placebo. »In ihren Songs bauen die ja so ein ganz bestimmtes Bild auf. Abhauen von zu Hause, raus, und es ordentlich krachen lassen. In dieser Welt könnte man ja schon eine Menge Geschichten ansiedeln.«

Es reizt ihn vor allem, in einem stummen Medium wie dem Comic Musik trotzdem erfahrbar werden zu lassen. »Das war für mich das Interessanteste an dem Cash-Buch, Musik zu zeichnen, und zwar nicht nur, indem man in den Bildern ab und zu mal ein paar Textbrocken rumfliegen lässt. Ein großer Teil dieses Buches stützt sich auf das Konzert im Folsom Prison, und dieses Konzert erzähle ich fast eins zu eins nach, das ist schon ganz schön spannend gewesen. Ich hoffe, dass der Leser ein Gefühl für dieses Konzert kriegt. Ich stelle mir vor, dass er vielleicht die Platte nebenher laufen lässt und das fühlt, was ich auch gefühlt habe. Das ist schon irre, was da passiert ist.«

»Und das alles kannst du jetzt sogar bei einem Major-Label machen«, sage ich laut, damit Mawil es hört.

»Ja, super!« Kleist lacht. »Ist aber auch schwierig!«

»Klar, weil das deine street-credibility enorm in Verruf bringt.«

Mawil hat tatsächlich mitgehört und kommt jetzt zu unserem Tisch. »Dafür zahlt er zweidrittel der Miete.«

»Ach, ehrlich?« Kleist guckt gespielt verdutzt. »Aber damit sind natürlich auch ein paar Einbußen verbunden. Ich habe nicht mehr die Freiheiten. Da gibt es einen Redakteur und Vertreterkonferenzen, da bekommt man schon was anderes zu hören, als bei einem kleineren Verlag. ›Zielgruppenorientiertheit‹ zum Beispiel ... Aber so was wie den Cash hätte ich niemals bei einem kleinen Verlag machen können, nicht nur wegen der Vorkasse, sondern weil da unheimlich viele rechtliche Sachen eine Rolle spielen.«

Mawil setzt sich zu uns, die beiden essen endlich eine Nektarine – und wir plaudern noch eine halbe Stunde, bevor ich mich wieder auf den Weg mache. Ich erkundige mich nach gemeinsamen Projekten – wie vor einigen Jahren den schönen Sammelband »Geschichten aus dem Comic-Garten« (gemeinsam mit Andreas Michaelke, Fil, Naatz).

Mawil schnauzt mich an. »Mit diesem Mainstream-Arsch mach ich doch nix mehr zusammen.« Beide lachen.

NUR EINE NACHT

Es war richtig kalt am 5. Dezember 1999, am Abend vor Nikolaus. Tagsüber fiel Schnee, und der blieb liegen. Gegen Abend sank die Temperatur noch einmal um ein paar Minusgrade – und als meine Freundin und ich das Haus verließen in gewöhnlicher Konzertbekleidung (Jeans, T-Shirt, Lederjacke), froren wir, als trügen wir gar nichts am Leib. Ich bereute es sofort, dass ich ihr angeboten hatte, sich schon mal ins Auto zu setzen, um allein die Scheiben freizukratzen. Mir taten die Hände weh, meine Füße froren in den engen Cowboy-Stiefeln, und ich atmete durch die Nase, weil die kalte Luft in den Bronchien stach. Ich hielt mich nicht lange mit Feinheiten auf, Heck- und Windschutzscheibe, das musste reichen. Später, während wir ihre Freundin Stefanie abholten, kratzte ich mit blauen Fingern noch den Außenspiegel notdürftig frei und ärgerte mich, dass ich das nicht gleich getan hatte.

Stefanie hatte sich vor einer Weile von ihrem Kerl getrennt, der nicht ganz zufällig einer meiner besten Freunde war. Gerd und ich hatten die Frauen gleichzeitig kennengelernt, in einer dieser schier endlosen Nächte in den Rockkneipen und -discos der Stadt. Wie wir und alle anderen auch wanderten sie nächtelang zwischen den drei, vier maßgeblichen Lokalitäten hin und her, irgendwann saßen wir dann mal zufällig zusammen an einem Tisch, klopften gemeinsam den Takt zu »Unskinny Bop« von Poison, verstanden uns auf Anhieb, und es war dann auch sehr bald klar, wer zu wem gehören wollte. Heike und ich waren zwei Jahre später immer noch liiert, die beiden hingegen nicht mehr, was die Abendgestaltung in einer Stadt mittlerer Größe nicht leichter machte. Die beiden waren halb im Streit auseinandergegangen.

Stefanie fühlte sich offenbar sehr verletzt. Es gab ein paar Missverständnisse, und der Vorwurf der Impotenz stand auf einmal im Raum. Der letzte gemeinsame Urlaub, lange vorher gebucht, muss für beide die Hölle gewesen sein. Da Gerd bald wieder mit einem neuen Mädchen auftauchte, das böse Gerücht sich also doch nicht als wahr erwies, durfte ich ihn guten Gewissens ein wenig vernachlässigen, um der Verlassenen beizustehen.

Irgendwann lasen wir im »Rock Hard« von einer Thin-Lizzy-Reformation, der sich immerhin John Sykes und Scott Gorham angeschlossen hatten, jene letzte, grandiose Gitarrenformation vor dem Tod Phil Lynotts und also der endgültigen Auflösung der Band; außerdem der Keyboarder Darren Wharton, ebenfalls Mitglied der letzten Besetzung, ein gewisser Marco Mendoza am Bass und die alte Sessionhure Tommy Aldridge am Schlagzeug, die Brian Downey ersetzen sollte. Gerd war gleich Feuer und Flamme, als er davon hörte.

»Scheiße, dass Downey nicht dabei ist. Aber immerhin Gorham und Sykes. Alter, das will ich sehen ... Sykes soll angeblich singen!«

»Ja, nur ... weißt du, Stefanie will da auch unbedingt hin, und die hat schon Karten für uns drei besorgt.«

»Mensch, das ist jetzt ein halbes Jahr her, die soll sich mal nicht so haben.«

»Klar, stimmt, aber ich habe ihr versprochen, sie mitzunehmen, weil sie sich um die Karten gekümmert hat, und wenn du jetzt auch noch mitfährst ...«

»Alles klar, ich fahre selbst ...« Er winkte genervt ab.

»Wir können uns ja dort treffen.«

Und so wurde es dann verabredet.

»Gibt's eigentlich auch ein Vorprogramm?«, wollte ich noch wissen.

»Ich habe was von Michael Schenker und Glenn Hughes gelesen.«

Wie luden Stefanie ein, die sich auch gleich über die Kälte beschwerte. »Ich hätte mir ja was Dickeres angezogen, aber weiß ich, ob die im Capitol eine Garderobe haben?« Und dann wandte sie sich an mich. »Kommt ... Gerd auch?«

»Ich glaube schon.«

Sie nickte nur und gab mir dann das eigens für die Fahrt aufgenommene Mixtape. Das wäre nun wahrhaftig nicht nötig gewesen, denn in all den Jahren ihrer Absenz hatten die Alben der Band doch nie unseren Plattenteller verlassen. Wir kannten das alles noch sehr gut. Ich legte es trotzdem sofort ein und war überrascht. Sie hatte sich Mühe gegeben, nicht einfach die erwartbaren »Lizzy Killers«, sondern durchaus abseitigere Sachen kompiliert. Gleich als Opener etwa das fröhlich-dahinstreunende »Bad Habits« vom letzten Studioalbum »Thunder And Lightning«. Diesen Song hat die Band nur selten live gespielt und würde sie heute Abend auch nicht spielen, weil sich der intensive Echoeffekt im Gesang auf der Bühne sehr schwer kontrollieren lässt: So wie die Band etwas mit dem Tempo anzieht, muss auch die Delayzeit vom Mixer nachgeregelt werden, sonst fängt der Song an zu eiern. Vor allem aber weil »Bad Habits« nur eins dieser wunderbaren Füllsel ist, eine dieser grandiosen Gorham/Lynott-Kleinigkeiten, von denen jedes Album genug besitzt und die man erst so richtig zu schätzen lernt, wenn man das alles einige Dutzend mal gehört hat. Es ist gewissermaßen das gute Songhandwerk, das Fundament, auf dem die wirklichen Kunstwerke dann umso sicherer stehen. Und trotzdem darf man diese Petitessen nicht einfach als Mittelmaß diskreditieren, denn auch sie haben fast immer einen Widerhaken, einen doppelten Boden, einen kleinen Trick, der sie eigentümlich, eben zu einem originären Lizzy-Track macht. Bei »Bad Habits« ist das dieser schlendernde, flanierende Rhythmus, der die darin beschriebene Straßenszene akustisch nachbildet. Das lyrische Ich, man möchte es sich fast als so einen coolen schwarzen Pimp vorstellen, der da an einer Ecke in Soho steht, ein Bein angezogen, um sich an der Hauswand abzustützen, dieses lyrische Ich bekommt etwas zu sehen – und wie:

I seen you walking down the street with another man
Girl you're really shocking
I seen you walking down the street with another hand
Held in your stockings

Boys will be boys and girls will be trouble
And I'm a man of bad habits
I seen you walking down the street with another man
Girl I had to have it

Die will er haben und sonst keine. Und er imaginiert sich dann auch gleich so einiges in seinem inneren Monolog:

You and I we should meet
Yeah, you and I we should get together
Me and you and I should meet
In the rain and stormy weather
No messing around
Now's the time to start

Und was das stürmische Wetter wirklich meint, macht er schließlich auch noch klar, obwohl man es sich fast schon gedacht hatte:

Hey babe, check it out the stormy weather

Einen kleinen Höhepunkt hat dieses Liedchen dann noch in Gorhams die Chorusmelodie variierendem Meldodiesolo. Da trippelt ihm seine Grazie auf hochhackigen Schuhen entgegen, gleichsam in seine Arme, und was die anschließenden, typischverzappelten, immer auch leicht unordentlichen, ja, zügellosen Legato-Läufe bedeuten sollen, wollen wir lieber nicht verraten. Damals dachte ich mir nichts dabei, aber heute erscheint es mir schon einigermaßen aufschlussreich, dass Stefanie ihr Mixtape ausgerechnet mit diesem Song eröffnete.

Die Fahrt nach Hannover machte trotzdem keinen Spaß. Die Straßen waren sehr glatt, ich fuhr langsam und musste auch dann noch aufpassen. Ich merkte, wie meine Nackenmuskulatur langsam zu verkrampfen begann. Als wir endlich einen Parkplatz gefunden hatten, wäre eine Massage nicht schlecht gewesen, aber die Kälte trieb uns zur Eile an. Vor dem Capitol wartete ein großer, eng zusammenstehender Haufen auf den Einlass, wir stellten uns dazu, und auf einmal war die Kälte gar nicht mehr so schlimm. Wir hielten Ausschau nach Bekannten, Stefanie noch eifriger als ich, aber wir sahen niemanden. Und so lauschten wir den Gesprächen neben uns. Ein Gerücht ging um, dass Thin Lizzy gerade aus Skandinavien kämen und, vom Kälteeinbruch genauso überrascht, noch auf der Autobahn unterwegs seien. Aber das Konzert sei nicht in Gefahr, sie würden ja ohnehin als letzte Band spielen. Nach einer Weile kam es zu ersten ironischen Unmutsbekundungen über die Einlassverzögerung. Es sei scheißkalt hier draußen, man habe überdies einen gehörigen Durst, den man in nächster Zeit zu stillen wünsche, und sowieso werde es jetzt langsam mal Zeit, aber ein bisschen pronto, bitteschön. Auch die Security-Kräfte warfen nun immer wieder erwartungsvolle Blicke über die Schulter zum Eingang. Entweder fürchteten sie Ausschreitungen. Oder aber, und das schien bei der lammfrommen, gutgelaunten, solidarischen Stimmung in der Menge der tatsächliche Grund zu sein, sie froren noch schlimmer als wir. Und das trotz der Thermohosen und gefütterten Parkas in Leichenbestatterschwarz.

Zehn Minuten später ließ man uns hinein. Wir gingen gleich in den großen Saal durch, es hatte keinen Zweck, sich jetzt schon für Bier anzustellen, die Wartehaufen vor den Theken waren auch ohne uns groß genug.

Wir stellten uns ans Gitter, das den Mixer vor der Menge schützen sollte, und sahen den Roadies beim Aufbauen zu. Über die Saallautsprecher schallte jetzt zum ersten Mal der Michael-Schenker-Werbetrailer, in dem ein gelernter Supermarktsprecher (»Sieben bitte auf Einunddreißig!«) den einschlägigen Merchandise-Stand hervorhob und dem Umstand besondere Aufmerksamkeit schenkte, dass Michael Schenker vor und nach dem Gig Autogramme zu geben gewillt sei, am liebsten vermutlich auf dem Cover des neuen Videos, das der Einschreier ebenfalls nicht zu erwähnen vergaß. Penetrant und peinlich war es schon beim ersten Mal, aber jede Viertelstunde wiederholte sich dieses Hörstück. Und da fiel mir das letzte »Monsters of Rock«-Festival im Bochumer Ruhrstadion wieder ein, schon über zehn Jahre her. Hier durfte Schenker gar nicht erst spielen. Aber aus Rache, so reimten wir es uns jedenfalls zusammen, bestach er den Chef-Soundtechniker, damit dieser in den Umbaupausen nur mehr dieses eine Album niederdudelte, einen ganzen Tag lang nur »Perfect Timing«, die damals aktuelle MSG-Produktion. Und weil der Mann am Mischpult selbst wahnsinnig wurde davon, streute er gelegentlich, zur Erholung, die brandneue Metallica-Maxi-Single »Harvester Of Sorrow« ein, aber dann war die auch vorbei und »Perfect Timing« wieder dran. Damit hat er sich keine Freunde gemacht.

Der Saal füllte sich jetzt merklich. Ich nutzte die Gelegenheit, um Bier zu holen, und traf dort Gerd mit seiner neuen Freundin, die er mir als Anne vorstellte. Wir tauschten die wichtigen Neuigkeiten aus. Thin Lizzy seien immer noch nicht da. Er wollte gehört haben, dass der Nightliner der Band einen Unfall und sich einer der Gitarristen dabei am Arm verletzt hatte, der Auftritt heute also in den Sternen stand.

Ich winkte ab. »Ach, komm ...«

Er nickte nur. Anne musterte mich während unseres kurzen Dialogs, und als unsere Blicke sich trafen, lachte sie mich offen an. Ich wäre gern länger bei ihnen stehen geblieben, aber jetzt kamen laute Geräusche von der Bühne, Schlagzeugwirbel, ein Bass pumpte sich auf, und dann ein hoher Schrei, der eine alte »Burn«-Live-Aufnahme von Deep Purple ins Gedächtnis rief.

»Eindeutig Glenn Hughes«, nickte Gerd.

Die »Bar« leerte sich jetzt zügig, und ich konnte meine Bestellung aufgeben. Die beiden meldeten sich auch ab.

»Wir sehen uns ja noch öfter«, sagte Anne.

»Ja, vermutlich hier!« Ich zeigte auf den Tresen.

»Nichts dagegen«, lachte sie.

Ich bezahlte und balancierte meine drei Plastikbecher zurück zum Mischpultgitter, wo ich schon erwartet wurde. Heike, grundsätzlich auf Stefanies Seite, fragte nach den Gründen der Verzögerung.

»Hab Gerd getroffen.«

»Und wie ist seine neue ...?« Stefanie sah mich an. Das Schimpfwort verbiss sie sich.

»Nett«, sagte ich.

Und dann erlöste mich Glenn Hughes für eine gute Dreiviertelstunde mit einem agilen, energischen und nicht minder seelenvollen Auftritt. Das swingte und groovte sich schön ein, Hughes ließ die Stimmbänder flattern, nur die Songs seiner aktuellen Band, das merkte man dann doch leider, waren nicht sonderlich der Rede wert. Aber dann kam ja »Burn« ... Anschließend folgte eine längere Umbaupause mit vielen Michael-Schenker-Werbetrailern, die einem schon jede Lust nahmen auf ein Konzert mit ihm. Und die Befürchtungen bestätigten sich. Seine Band wirkte zusammengewürfelt und spielte auch so, er selbst versteckte sich hinter einer albernen Ski-Sonnenbrille, ließ seine drei Spielfinger fliegen wie gewohnt, und nichts passierte. Lustlos-anämisch das alles, wie auf Auto-Pilot. Ich wollte mir das nicht mehr länger anhören und suchte die Bar auf, die sich nun abermals zu füllen begann.

»Warum hat DER eigentlich einen so großen Namen? Ich meine, hat der so ein Feeeeling, oder was?« Gerd prostete mir zu und nickte abfällig zur Bühne hin. Er erwartete keine Antwort.

»Hughes dagegen, was?«

Und er nickte nur mit anerkennend vorgeschobener Unterlippe und zeigte mir seinen steil gereckten Daumen. »Drei Keyboard-Akkorde, und er improvisiert darauf ein bisschen mit seiner Stimme, das allein hat schon mehr Grandezza als das ganze Schenker-Set zusammen.«

Ich wollte gerade nach Anne fragen, da kamen Stefanie und Heike an die Bar, offenbar hatten sie ebenfalls genug. Heike nahm Gerd zur Begrüßung in den Arm, Stefanie begnügte sich mit einem zaghaften Winken.

»Hi.«

»Hallo, naaa ...«

Gerds Begrüßung klang so zärtlich, als hätten sie sich nie getrennt. Stefanie schien das auch bemerkt zu haben. Sie errötete zunächst überrascht, beschloss dann aber offenbar, diese intime Geste als Kompliment zu nehmen, und entspannte sich im selben Augenblick. Zum ersten Mal an diesem Abend. Das nun folgende Gespräch war auf einmal so leicht wie früher. Die beiden tauschten lachend Blicke aus, flirteten sich an, spielten sich die Bälle zu. Sie moserte etwa über Schenkers hochgegelte Kurzhaarfrisur, die der Mann offenbar für stylish halte. Gerd retournierte augenblicklich. »Das war sie ja auch mal vor zehn Jahren.«

Sie machten noch eine Weile so weiter, und auch Heike und mir fielen noch ein paar Schenker-Sottisen ein, aber bevor es richtig behaglich werden konnte, kam Anne von ihrem Toilettengang zurück. Sie stellte sich zurückhaltend in unsere

Runde, dicht an Gerd gedrängt, der ihr dann auch gleich einen Arm um die Taille legte und die allgemeine Vorstellung übernahm. Nicht mal das konnte Stefanie jetzt aus der Ruhe bringen. Es gab einen kurzen Moment, in dem uns der langsame Fluss der Zeit unangenehm bewusst wurde – als Anne gewahrte, wen sie hier vor sich hatte, und Stefanie im selben Moment sah, dass sie's jetzt wusste. Aber Gerd überbrückte dieses kleine Kommunikationshindernis mit einem Witz über das neue Skilehrer-Image des »Ausnahmegitarristen«. Wir lachten, und Gerd warf einen schnellen Blick hinüber zu Stefanie, und was er in ihren Augen sah, dieses helle bewundernde Strahlen, das auch ich sah, schien ihn zufrieden zu stellen.

Wir standen alle zusammen mit dem Rücken zum Gitter, hinter dem hektische Betriebsamkeit herrschte, und sahen dem Treiben auf der Bühne zu. Auch hier bewegte sich endlich was. Ein Roadie hatte sich eine schwarze Les Paul umgehängt und schlug ein paar dichte, komprimierte Power-Chords. Das Schlagzeug war bereits dran. An der metallisch glänzenden Schlagabdeckung erkannte ich, dass er Sykes' Gitarre auf die richtige Spur brachte.

»Die sind endlich da«, sagte ich und zeigt auf die rechte Seite, wo ein blonder, langmähniger Lockenkopf für Momente hinter einem Vorhang hervorlugte und eine Anweisung rief.

»War das Sykes eben? Ey, das war Sykes eben!«, schrie Gerd.

Wir wunderten uns nicht über seine Aufregung, wir hatten alle dieses besondere, erwartungsfrohe Gefühl vor dem Konzert, diese angespannte Euphorie, eine Art Lampenfieber, als müsste man selbst raus auf die Bühne, ein Nervenkitzel, vielleicht vergleichbar mit dem Warten vor dem Elfmeterschießen in einem wichtigen Länderspiel, wenn die Mannschaft mit heruntergelassenen Stutzen im Mittelkreis sitzt, marode von der Verlängerung, und der Trainer dem Mannschaftsführer die Liste mit der Reihenfolge der Schützen reicht.

Der Saal wurde schon mal vorsorglich etwas abgedunkelt. Trotzdem dauerte es noch eine ganze Weile, bis das Saallicht ganz runtergedimmt, die laufende Musik ausgefadet wurde und gleißende Scheinwerferbatterien die Bühne mit Licht fluteten. Die probaten Polizeisirenen, die den Konzert-Opener vorbereiteten, heulten. Die Band schlenderte gemächlich von der Seite zu ihren Instrumenten, wurde aber sofort mit einem wilden Aufschrei empfangen, der ihnen ein Grinsen ins Gesicht trieb und sie die Arme in die Luft werfen ließ. Ja, sie waren zurück. Irgendwie. Sykes schnappte sich seine schwarze Les Paul, ließ sie einmal böse aufseufzen, indem er mit der Linken auf dem Griffbrett entlangrutschte. Aldridge schlug ein paar Mal zu, um zu fühlen, was er heute Abend für einen Widerstand zu überwinden hatte. Scott Gorham nickte zurückhaltend-wohlwollend ins Auditorium – er wirkte gelassen, auch ein bisschen alt in seinem engen schwarzen Pullover. Und dann schrie Sykes die rhetorische Frage »Hey Germany, are you ready to roll?« ins Publikum, das trotzdem wieder einmal darauf antwortete, wenn auch nur mit einem Geräusch, einem Euphoriegebrüll, einem infernalischen Pfeifen, das dann aber unterging im Donner der ersten Takte von »Jailbreak«. Eine wilde, furiose Version war das, ausgelassen, hart, spritzig. Die Riffs schoben sich vorwärts, und Sykes löste die Akkorde immer wieder in kreischende Obertöne auf. Und von Anfang an war auch klar, dass es funktionierte mit Sykes als Sänger. Er imitierte jede Phrasierung Lynotts und klang warm, sympathisch, einfach gut dabei. Ein gerade so adäquater Ersatz, dass man nun nicht ständig an Phil Lynott dachte, ihn aber andererseits auch nie ganz vergessen konnte.

Dann ein fließender Übergang zu »Waiting For An Alibi«, dessen kaustische Twin-Lead-Melodie am Anfang wie eine blankpolierte Marmorstatue im Raum steht. Die scharf akzentuierten, perkussiven Rhythmusgitarren anschließend kommen genau auf den Punkt. Die Band spielt dicht, spielt zusammen und sie macht Druck. Die zweistimmigen Sololäufe von Sykes und Gorham sind präzise, sauber und versprühen trotzdem noch Live-Charme. Nur Sykes' Single-Leads – in den beiden folgenden, ebenfalls voluminös-wuchtig rezitierten Hard-Rock-Piecen »Don't Believe A Word« und vor allem »Cold Sweat« ist er endlich an der Reihe – schießen gelegentlich übers Ziel hinaus. Seine überambitionierte Speedfinger-Attitüde zerstört die Struktur, er schießt die eigenen Solo-Kompositionen sturmreif, bisweilen jedenfalls, übrig bleibt dann nur ein kakophones Gegniedel, das aber zumindest immer noch gut aussieht und durchglüht ist von einer Passion, von einer Energie, die einen trotzdem mitreißt.

Gorham indes klingt beinahe dünn, hohl, und ein aufdringlicher Chorus-Effekt nimmt seiner Stratocaster ein wenig die Durchschlagskraft, aber diesen ausgefuchsten, zwischen Harmoniespiel und wilden Läufen allemal originell und spannungsreich oszillierenden Soli, auf der nun folgenden langsamen Elegie »The Sun Goes Down« sehr eindrucksvoll zu hören, können auch solche Sound-Defizite nicht wirklich etwas anhaben. Erstaunlicherweise harmonieren die beiden Gitarren bei den parallel gespielten Riffs und Melodien auch klanglich sehr gut miteinander, so als hätte Gorham diesen weichen Sound mit vollem Kalkül gewählt, um das akustische Gesamtbild zu arrondieren.

Wie kann man das alles noch so genau wissen – zehn Jahre später? Nun, zum einen habe ich in derselben Nacht noch eine Konzertkritik für den »Rolling Stone« geschrieben. Zum anderen erschien im Jahr darauf das fünfte offizielle Live-Album, »One Night Only«, laut Booklet zwar »Recorded Live in Europe 1999«, aber das ist reine Kosmetik. Wie hätte das denn ausgesehen: »Live in Hannover 1999«? Schon schlimm genug, dass sich die alte Firma Phonogram für diese Rumpftruppe nicht mehr so recht zu interessieren schien, so dass schließlich Steamhammer/SPV – ebendort in Hannover ansässig und so eine Art Heimat der Hard-Rock-Oldies, also nicht gerade die ganz coole Adresse! – in die Bresche springen musste.

An ein paar Stellen jedenfalls lässt sich der Hannover-Gig identifizieren. Mit anderen Worten, wenn er nicht sogar ganz hier mitgeschnitten wurde, dann doch mindestens zu großen Teilen. Ich kann mich noch gut an Sykes' erste Ansage erinnern und meine Verwunderung darüber, dass er »Germany« begrüßte und nicht etwa »Hannover«. Das waren nicht Ignoranz und Amnesie infolge ausgedehnten Tourens, sondern Kalkül, schließlich sollte hier ein Live-Album für den internationalen Markt mitgeschnitten werden, da klang das allemal weltläufiger. Die kurze, ermunternde Ansage vor »Suicide« ist mir ebenfalls im Gedächtnis, weil sie genau dieses Vorhaben dem Publikum verriet, in beifallheischender Absicht versteht sich: »We're recording tonight, so I want some noise of you, people, all right!?« Das braucht er nicht zweimal zu sagen.

Und auch die ziemlich scharfe »Rosalie«-Version, in der Sykes die Band und Scott Gorham wiederum Sykes vorstellt, stammt eindeutig aus dem Hannover-Konzert. Wie man das von Phil Lynott kannte, zelebriert er diesen Part vollmundig, und wie Lynott hat er ein gutes Händchen für das richtige Maß Pathos, das einem dann doch beinahe die Tränen der Rührung in die Augen treibt. »Allright, allright, allright ... Round about this time I'm gonna introduce the band for ya ...« Man kannte das und erinnerte sich an die großen Ansagen auf »Live And Dangerous« und »Lif/ve« – ein Glücksgefühl, das zwar ganz gegenwärtig war, das sich aber doch vor allem aus der Erinnerung speist. Und dann folgen »come on, come on, come on, Germany ... all the way from Mexiko, Mr. Marco Mendoza on bass guitar«; danach »the heaviest fuckin' drummer of the world«, Tommy Aldridge, dem er in abermaliger Lynott-Mimese das »the one and only« anhängt, das im Grunde nur Brian Downey rechtmäßig zugestanden hätte; dann »the man in white ... Darren Wharton on keyboards«, und schließlich: »Over here ... (Come here, Scott!) ... And OVER HERE, my partner in crime, he's my favourite guitar player in the world, come on, come on, come on, come on, Mr. Scott Gorham on lead guitar.« Und spätestens hier fiel einem plötzlich das Schlucken schwer.

Gorham gibt ihm dann auch noch mal alles zurück, mit Zins und Zinseszins. Auch Sykes sei einer der Weltbesten, und er, Gorham, sei entsprechend stolz, mit so einem Könner zusammenspielen zu dürfen. Und nach einer weiteren Riffrunde »Rosalie« übernimmt Sykes wieder das Mikro. Jetzt wird es ernst. »Bring it down, guys«, ermahnt er seine Kollegen, »bring it way down.« Und die Band fügt sich sofort, das abgestoppte, gedämpfte Riff wirkt plötzlich sanft, fast nur noch angedeutet. »Okay, let's don't forget the main man ... The king of rock'n'roll ... Without whom none of them would have been possible ... Now Germany awake [?] to take the fucking roof off this place, come on, come on, come on, give it up for – Mr. Philip Lynott, yeaaaaahh ...« Das hatte schon was, und das hat es immer noch, wenn man es mal nachhört auf diesem Dokument »One Night Only«.

Für mich ist es das, ein Dokument eines grandiosen und dennoch traurigen, ja, sentimentalischen Konzerterlebnisses. Denn plötzlich verstand ich auch, was hier gespielt wurde. Eine Epiphanie. Und ich sah sie materialisiert in den beiden ehemals Liebenden Gerd und Stefanie. Wir standen das ganze Konzert über relativ nah beieinander, Heike und Stefanie genau vor mir, Gerd, der Anne von hinten fest umschlungen hielt und seinen Unterleib an ihren Po schmiegte, ein paar Meter links, etwa auf unserer Höhe. Nach gut einer Stunde war, definitiv und unabänderlich, »Still In Love With You« an der Reihe. Bei der präludierenden bluesigen Mondscheinmelodie warf Stefanie reflexartig den Kopf nach links. Ich folge ihr mit meinem Blick und sah, dass Gerd allein stand. Offenbar hatte sich Anne auf den Weg zur Bar oder zu den Toiletten gemacht. Und jetzt schaute Stefanie die ganze Zeit in seine Richtung, sie suchte geradezu seinen Blick – und fand ihn dann auch, das konnte ich in seinen Augen lesen.

Now that it's all over, woman
There's something I think you should know
Baby, baby, think it over
Just one more time before you go
Call on me baby
If there's anything I can do for you
Call on me baby
Help me see it through
I'm still in love with you

Plötzlich war klar, was wir hier taten. Die Geliebten treffen noch einmal aufeinander, sie geben sich dem Moment hin und wissen doch längst, dass es längst zu spät ist. Genauso war dieses Konzert. Und das hat es auch so besonders gemacht. Es behauptete so ein fast heroisches Pathos, ein Widerstreben gegen die Zeit und das Schicksal, aber zugleich war auch klar, dass dieser Abend schon der Vergangenheit angehörte, dass er vor allem lebte von der Aura gewesenen Glücks und gewesener Größe. Hier verwies jede Note, jede Phrase, jede Intonation auf das, was einmal war. Und so evozierte dieser Abend emotional eine gemischte Empfindung, die gänzlich unauflöslich schien, eine Euphorie, der zu gleichen Teilen die Melancholie beigemengt war, Freudentaumel, der einem gleichzeitig vor Trauer das Herz abschnürte. Dieser eindrucksvolle, im klassischen Sinne sentimentalische Affekt entstand gewissermaßen dadurch, dass hinter der schnöden Konzertrealität das Ideal aufschien, ein Ideal, das so natürlich nie existiert hatte. Insofern ist es nur vernünftig, dass Gorham/Sykes, obwohl dieser Wunsch immer wieder an sie herangetragen wird, kein neues Album aufnehmen. Wie gut auch immer das Produkt wäre, es würde doch immer das imaginierte Ideal in den Staub der Profanität zurückreißen – und somit diesen Konzerten einen Teil ihrer Wirkungsmacht rauben. Schon das Live-Album »One Night Only« war beinahe ein Fehler, weil es etwas fixiert und damit erdet, was im imaginationssteigernden Aggregatzustand der Flüchtigkeit notwendig schöner sein muss. Plötzlich kann man nämlich alles nachhören, wieder und wieder, und vielleicht zu der Erkenntnis kommen, dass dieser numinose Abend zwischendurch auch mal nur ganz gut war. Erfreulicherweise fängt das Album dann aber doch genügend Atmosphäre ein und leistet folglich als Gedächtniskrücke für diese bittersüße Lizzy-Exaltation durchaus gute Dienste.

Und dann, nach der dritten Zugabe, war auch dieses musikalische Mirakel plötzlich vorbei. Heike, Stefanie und ich gingen voran, Gerd und Anne folgten uns, aber wir verloren sie in der hinausströmenden Menschenflut. Und Stefanie sah auch nicht zurück. Now that it's all over … Wir gingen hinaus in die dunkle, garstig kalte Nikolausnacht, zogen den Kragen tiefer ins Gesicht – und suchten mein Auto. Es hatte in der Zwischenzeit wieder geschneit, so als wüsste der Herrgott, dass hier etwas nicht mit rechten Dingen zuging, und als müsste er das mit seinem himmlischen Tipp-Ex wieder aus der Welt schaffen. Aber dafür war es nun zu spät. Wir fanden den Wagen dann doch irgendwann, entfernten gemeinsam den dicken weißen Belag von den Fenstern und fuhren noch langsamer als auf der Hinfahrt – zurück nach Hause. Wir hatten uns bisher nur über die pragmatischen Dinge verständigt, wohin wir gehen mussten, um zum Parkplatz zu gelangen, wie wir am besten auf die Autobahn kämen, aber nicht ein Wort über das Konzert verloren. Als das Auto endlich warm war und wir uns auf dem richtigen Weg befanden, hinaus aus der Stadt, fragte ich ganz unvermittelt, wie sie die dritte Band denn nun gefunden hätten. Beide lachten, offensichtlich weil es eine völlig absurde Frage war. Aber als ich in den Rückspiegel blickte, sah ich Tränen in Stefanies Augen.

ERSTDRUCKE

Kritikerdämmerung – Neue Zürcher Zeitung, 30.3.2007
Geisterbeschwörung – Kultur & Gespenster 6/2008.
Herzberg Freak City – Rolling Stone 9/2008
LichtMaschine – Rolling Stone 11/2007
Schwierigkeiten beim Hören schwarzer Musik – Sounds 1/2008
Der Junge, der seinen Vater hasste – Sounds 6/2009
Der Huckauf – Strapazin 91/2008
Der beste Schriftsteller Amerikas – Neue Zürcher Zeitung, 20.2.2009
Keine Tiefe ohne Oberfläche – Spiegel online, 25.6.2007
Das große Scheitern – Neue Zürcher Zeitung, 25.7.2008
Als sie unsterblich waren – taz, 4.10.2006
The Stooges gehen noch einmal in die Garage – junge Welt, 20.3.2007
Rock'n'Roll-Ahasver – taz, 3.11.2008
Alte Autos und Rock'n'Roll – junge Welt, 5.5.2009
Der elektrische Philosoph – Rolling Stone 11/2008
Dylan ist ein Verräter – junge Welt, 6.8.2005
Swinging Salzinger – Rolling Stone 12/2009
Der oberste Parasit – konkret 5/2007
Wo warst du 1979? – Zeit online, 21.3.2009
Spiderschweine – taz, 7.8.2007
Eigenbluttherapie – junge Welt, 26.5.2009
Schmutzige Wäsche – junge Welt, 15.10.2008
Nocturnisten und Alltagsspione – Rolling Stone 8/2006
Nur eine Nacht – unveröffentlicht

Alle bereits gedruckten Texte wurden vom Autor noch einmal durchgesehen und behutsam verschlimmbessert.

BESTEN DANK

An die Herausgeber und Redakteure der oben aufgeführten Publikationen, die für die Erstveröffentlichung gesorgt haben, namentlich: Birgit Fuß, Maik Brüggemeyer, Arne Willander, Joachim Hentschel, Thorsten Gross, Bernd Gockel, Marit Hofmann, Mark-Stefan Tietze, Gerrit Bartels, Dirk Knipphals, Nora Sdun, Gustav Mechlenburg, Jan-Frederik Bandel, Sascha Hommer, Christof Meueler, Conny Lösch, Ernst Hofacker, Julian Weber, Tobias Rapp, Andreas Borcholte, Ueli Bernays, David Hugendick und Rabea Weihser. Weitermachen!